LE POUVOIR FINANCIER DES FEMMES

Création graphique : Créa 30
Illustrations : © Poznyakov/Shutterstock

Le Pouvoir financier des femmes
© Maryline Leprince et Marcelle della Faille, octobre 2018

Le Code de la propriété intellectuelle interdit les copies ou reproductions destinées à une utilisation collective. Toute représentation ou reproduction intégrale ou partielle faite par quelque procédé que ce soit, sans le consentement de l'auteur ou de ses ayants cause, est illicite et constitue une contrefaçon sanctionnée par les articles L. 335-2 et suivants du Code de la propriété intellectuelle.

Maryline Leprince – Marcelle della Faille

LE POUVOIR FINANCIER DES FEMMES

TABLE DES MATIÈRES

Introduction
La peur des femmes p. 11
L'argent, une essence féminine p. 17

Histoire de la transformation
de douze femmes prospères et puissantes

MARYLINE LEPRINCE
Reprendre son pouvoir financier,
une aventure personnelle et spirituelle p. 29

ZUZANA CHROMA
Comment manifester l'argent
dans votre activité p. 41

STÉPHANIE MILOT
Quand on y croit, on peut y arriver !
Devenez indépendante financièrement
grâce à l'immobilier p. 59

ÉDITH LASSIAT
« Je veux être heureuse »,
ou l'histoire d'une petite fille
qui voudra TOUT... et l'obtiendra ! p. 75

MARTHE SAINT-LAURENT
Au service de soi, avant tout ! p. 91

LINE BOLDUC
Comment dépasser les limitations
et s'autoriser l'abondance p. 103

GAËLLE LE REUN
Ce que vous cherchez existe p. 119

KAREN VAGO
60 ans, le bel âge pour entreprendre — p. 135

CHARLOTTE MARICAN
Oui, mais c'est un gros mouton ! — p. 145

ISABELLE CALKINS
L'argent, une énergie — p. 159

NATHALIE CARIOU
Il était une fois…
Voyage vers la liberté financière — p. 173

MARCELLE DELLA FAILLE
Jouez avec l'argent
pour en faire votre allié — p. 185

FICHE ACTIV-ACTION
Mon pouvoir financier de femme — p. 205

Conclusion — p. 207

MERCI DE NOUS LIRE !

Téléchargez ce bonus GRATUITEMENT.
Allez sur https://lepouvoirfinancierdesfemmes.com/bonus

INTRODUCTION
La peur des femmes

Comment apaiser les relations entre genres ?
Telle était la question que je me posais depuis plusieurs années, et plus profondément encore depuis quelques mois. Les attentats à Paris avaient déclenché en moi une vague de désespoir, et tout me semblait tellement insipide et inutile, soudain, que même mon activité de leader de pensée, de mentor et de formatrice me paraissait insignifiante.

Pourquoi tant de violence ? Le terrorisme religieux prenant encore plus d'ampleur dans les mois qui suivirent, ma focalisation sur la condition de la femme prônée par les musulmans extrémistes me heurtait d'autant plus.

Pourquoi, depuis la nuit des temps, les femmes doivent-elles payer le prix de leur genre ? Et pourquoi cela se poursuit-il encore aujourd'hui, à une époque où la liberté de penser et de parler est bien installée ? Comment le pouvoir patriarcal des religions arrive-t-il à reprendre tant de place ? Pourquoi la terreur ?

Et la question cruciale : *comment éviter que cela se poursuive, à l'avenir, pour mes filles et leurs amies ?*

« Tout ceci a un sens », disait une partie de moi.
« Oui, mais lequel ? » disait l'autre.

J'ai oscillé longtemps entre colère et alignement. Même si je crois fondamentalement que l'âme choisit son incarnation, et dès lors le lieu de naissance, le sexe, la famille et l'environnement du corps qu'elle a décidé de revêtir, la partie incarnée de la femme que je suis n'arrivait plus à s'élever face à la situation des droits bafoués des femmes.

Bien avant les campagnes #metoo et #balancetonporc, je vibrais ma propre campagne anti-répression féminine. Et ce n'était pas confortable. Pour moi, mes filles et mon mari, seul homme au milieu de tout ce chaos intérieur. Heureusement, nous avons pu en parler à deux, et en famille, ce qui m'a aidée à dépasser certaines courtes vues que je m'imposais dans mes accès de rage.

La puissance des femmes

Mon mari et mes filles adorant l'histoire, nous nous sommes amusés à remonter dans le temps pour tenter de retrouver la trace de périodes où la femme était pleinement reconnue comme une force égale à celle de l'homme et comme un pilier de la vie de famille et de la vie en société. Nous en avons trouvé quelques-unes, car il existe des cycles dans la reconnaissance de l'intelligence et la brillance des femmes.

Cette réflexion m'a également ouvert les yeux sur le fait que les films, les romans, etc. ne montrent souvent que des scènes d'oppression des femmes par les hommes. Là aussi, c'est à chacun et chacune de prendre suffisamment de recul pour ne pas croire tout ce qui est écrit et produit. En tant que femmes créatrices, nous avons la responsabilité d'imaginer un monde respectueux des femmes dans nos écrits, nos romans et nos fictions.

La paix des femmes

La prise de conscience majeure que m'a apportée cette nuit de l'âme, est la suivante : il est plus que jamais important que nous, les femmes, nous soyons des ENSEIGNANTES et des MODÈLES DE PAIX, avant de vouloir être des modèles d'abondance, de réussite et de liberté financière.

Cela a carrément remis en question les priorités de mes enseignements. Le monde a besoin de paix. Les esprits ont besoin de paix et de tranquillité. Seulement alors, l'abondance et la prospérité pourront se manifester.

Dès lors, mon message aujourd'hui est : « Je vous donne ma paix. Soyons en paix. »

La prospérité des femmes

Parallèlement à cette révélation, je vivais un retournement dans mon activité. Mentor et formatrice de coaches d'abondance financière, le sujet du pouvoir financier des femmes m'interpellait particulièrement. J'ai senti que le moment était venu de soutenir les femmes dans leur confiance en elle et dans leur capacité à croître et à prospérer autant, sinon mieux, que quiconque dans la société.

C'est ainsi que j'ai contacté Maryline Leprince, une collègue, également coach d'argent, rencontrée aux États-Unis, deux ans plus tôt, dans le cadre d'un mastermind autour de la « Maîtrise du coaching et de l'argent ». Française, ayant suivi une formation d'économie et de coach d'abondance, elle m'avait fait part de son opinion sur les femmes et l'argent, lors d'un échange privé, et j'avais beaucoup apprécié son point de vue unique sur l'abondance des femmes. Nous avions le même mentor, une américaine, et sommes des pionnières en coaching sur la relation à l'argent en francophonie.

Ce livre reflète notre vision et notre sensibilité face à la société actuelle.

Ce n'est pas une étude scientifique. Ce n'est pas un livre sexiste. Ce n'est pas un outil de revendication ni de vengeance de notre part. Il exprime le plus exactement possible notre constatation personnelle d'un déséquilibre manifeste, et reconnu désormais, entre les finances des femmes et celles des hommes, mais aussi entre la relation à l'argent des hommes et celle des femmes.

Dans ces pages, à travers leurs histoires personnelles, nous voulons mettre en lumière douze femmes qui ont réussi, afin de mieux inspirer chacune et chacun pour rééquilibrer ses forces intérieures face à l'argent. Ce livre très personnel est un livre témoignage que nous voulons inspirant et stimulant pour nos lectrices et lecteurs. Qu'ils puissent se faire leur propre idée nouvelle de leur désir d'abondance et de relation paisible avec l'argent. Pour mettre fin aux comparaisons, jugements et fausses accusations des uns et des autres.

Notre intention conjointe est de vous rappeler que nous sommes TOUTES ET TOUS sur terre pour développer le respect de la Vie, et de chacun.e dans la Vie, quels que soient sa condition, son genre, sa race ou ses convictions, afin de retrouver le chemin du bon sens et de la sagesse ancestrale.

Le pouvoir financier des femmes

Dans « pouvoir financier », il y a d'abord le mot « pouvoir ». Encore aujourd'hui, la femme n'a pas le même passé ni le même pouvoir que l'homme, face à l'argent. Nous voulons permettre aux femmes de retrouver LEUR pouvoir face à l'argent, de redevenir indépendantes et autonomes, dans le respect des autres. Nous voulons les inspirer pour dédiaboliser l'argent et le considérer comme un partenaire de vie et d'affaires sûr et fiable, présent, attentionné et pleinement voué à leur prospérité et leur expansion. Sans condition.

En tant que femmes d'affaires et entrepreneuses prospères, nous avons eu l'envie de faire des recherches sur notre identité de femmes puissantes face à l'argent, pour trois raisons :

1/ Nos clientes se sentent faibles et dépourvues d'expérience, face à l'argent. Même nos clientes riches et prospères éprouvent des sentiments de culpabilité, de malaise, voire de honte, face à leur richesse et leur bonne fortune.

2/ Nous-mêmes avons porté, et portons encore, un bagage de fausses croyances qui nous ont été inculquées, alors que nous étions petites filles, concernant les capacités des femmes face à l'argent et à sa gestion.

3/ Les droits des femmes sont encore souvent bafoués par les religions et les médias, et parfois par elles-mêmes. L'auto-sabotage est courant, chez les femmes.

Avant de nous demander pourquoi les droits des femmes sont encore bafoués aujourd'hui, revenons à la question fondamentale : d'où cela vient-il ? Quelle est l'origine de la mauvaise image de la femme, dans la société ?

Il y a la légende d'Adam et Ève[1], véhiculée pendant des siècles

---

[1] La Bible écrite par les femmes ? (https://www.cbeinternational.org/resources/article/other/dans-la-bible-l%E2%80%99homme-et-la-femme-ont-le-m%C3%AAme-statut)

auprès de générations de garçons et de filles. Cette histoire de la pomme volée par Ève et donnée à Adam, qui serait à l'origine de la déchéance humaine.

Comment ne pas se sentir mal, face à une telle assertion ?

Comment ne pas se sentir coupable à tout moment, en tant que femme ?

Et comment ne pas en vouloir aux femmes, en tant qu'homme ?

Il serait possible d'interpréter cela tout autrement, bien sûr. La pomme de la sagesse qui a ouvert les yeux de l'homme sur la réalité du monde, sa petitesse, ses limites…

Quant à la légende de la femme créée à partir de la côte d'Adam, elle ne nous aide pas non plus à nous sentir complètes, indépendantes et uniques… à moins que nous, les femmes, ne décidions de ne plus y croire et de nous créer une toute nouvelle histoire de force, d'unicité et de place cruciale dans le monde.

Aujourd'hui, beaucoup de femmes sont en burn out. Les salaires dérisoires, les horaires de fous, les séparations et divorces, les besoins accrus de la famille monoparentale, voire de la famille normale, le mode de fonctionnement masculin appliqué dans le monde de l'emploi et transféré dans le monde du business par les salariées qui se lancent comme entrepreneures, tout cela crée l'épuisement des femmes, qui se laissent encore facilement exploiter par manque de connaissance de leurs droits et des affaires financières.

Je suis toujours étonnée d'entendre telle femme entrepreneure prospère, gérant magnifiquement son équipe et ses affaires, me dire qu'en plus de cela elle gère la garde de ses enfants malades. Ou les réservations de vacances, souvent à ses frais. Elle seule y pense et place cela en priorité dans son agenda. Son partenaire ne gère que sa vie professionnelle.

Comment est-ce encore possible de nos jours ? Un couple se

Le texte décrit la création de la femme en la désignant l'« *ezer kenegedô* » de l'homme, littéralement « une force qui lui correspond ». Malheureusement, le mot « *ezer* », ici, est souvent traduit par « aide », ce qui implique l'idée de subordonné ou de serviteur. Cependant, jamais dans la Bible, le mot « *ezer* » ne suggère un tel sens mais décrit, presque toujours, Dieu comme le secours, la force ou la puissance de son peuple.

construit à deux. L'un comme l'autre aide à gérer l'ensemble des besoins de la famille.

Tant de comportements démontrent qu'une femme, même instruite et prospère, entretient des croyances qui l'empêchent d'établir un cadre porteur pour son épanouissement personnel, de s'épanouir totalement dans sa liberté et d'être à l'écoute de sa féminité et de ses besoins. Et de ce fait, elle attire un.e partenaire qui lui confirme que c'est la norme.

Dans un monde où l'argent a pris trop de place, il est temps que les femmes récupèrent leur pouvoir financier et qu'elles s'autorisent à créer et à utiliser l'argent à leur manière, selon leurs valeurs féminines, et en respectant leur rythme et leurs cycles féminins.

Ce livre a la prétention de les aider à croire que c'est possible, à en prendre la décision et à appliquer dès le premier chapitre des outils qui concrétiseront leur désir le plus cher : **être AUTONOME et INDÉPENDANTE, face à l'argent.**

C'est par là que passe aujourd'hui la voie de l'indépendance et de l'autonomie TOTALE des femmes.

L'ARGENT, UNE ESSENCE FÉMININE

Comment en sommes-nous arrivées à avoir envie d'écrire sur le lien entre les femmes et l'argent ? Quel lien y a-t-il entre l'argent, le féminin et la place des femmes ?

Comment se fait-il qu'aujourd'hui, au XXIe siècle, l'argent soit encore un tabou pour beaucoup, un « problème » pour tant de personnes, et en particulier pour les femmes, alors que l'argent est, à l'origine, une énergie d'essence féminine ?

Cette affirmation risque de choquer ou d'interpeller un certain nombre de personnes. En effet, en français « argent » est un nom masculin. Mais toutes les langues n'ont pas forcément des noms avec un genre, et le terme *« money »*, équivalent anglais, n'est ni masculin ni féminin. Et pourtant, je l'affirme, l'argent est une essence féminine.

Une grande part de ce que je vais partager avec vous dans ce chapitre est issu des travaux de l'économiste et universitaire belge Bernard Lietaer. On les retrouve de façon détaillée dans son ouvrage *Au cœur de la monnaie : systèmes monétaires, inconscient collectif, archétypes et tabous* (Yves Michel Éditions). Son travail a nourri la formalisation des principes fondamentaux de la relation à l'argent que je transmets au sein de ma formation de Moneycoach®. Et même si je me détache de son approche à un certain moment, je pense que les recherches qu'il a faites devraient être partagées très largement, car elles recèlent un véritable potentiel pour faire évoluer nos sociétés. À l'origine, l'auteur souhaitait comprendre pourquoi la monnaie avait une influence aussi forte dans nos sociétés actuelles et pourquoi, dans un monde supposé rationnel, l'argent peut susciter des émotions et des comportements sociaux à la fois irrationnels, violents et destructifs qui peuvent même impacter les marchés financiers. Il souhaitait donc étudier la dimension émotionnelle de l'argent.

L'origine du monde ou le mythe de Gaïa

Le mythe de Gaïa est présenté dans la *Théogonie* d'Hésiode, un ensemble de récits mythiques fondateurs qui cherchent à expliquer la création du monde.

Au départ était Chaos, l'espace immense et ténébreux. Puis naquit Gaïa « aux larges flancs », la Terre, puis Éros, l'amour. Gaïa s'ennuyait, seule. Aussi elle engendra (sans aucun élément mâle) Ouranos, le ciel qui la recouvre, son égal en grandeur. Puis elle donna naissance aux montagnes, Ouréa, puis à Pontos, le flot marin stérile.

Une des versions grecques raconte qu'Ouranos regardait tendrement Gaïa, qu'il fit descendre sur ses fentes secrètes une pluie fertile et qu'ainsi elle donna naissance à l'herbe, aux fleurs, aux arbres et à tous les animaux et oiseaux qui convenaient à chacun. Cette même pluie fit couler les rivières et remplit d'eau tous les creux, et c'est ainsi que les lacs et les mers furent créés.

Pour peupler le monde, Gaïa va s'unir au ciel, Ouranos, et enfanter les Cyclopes, les Hécatonchires, les Titans et les Titanides.

Je ne détaillerai pas plus ici le récit. Ce qu'il est important de retenir, c'est que Gaïa est la personnification de la Terre. Elle est le principe d'où sont sorties toutes choses et a été vénérée par les anciens Grecs comme Terre mère dont la majesté s'imposait aux hommes mais aussi aux dieux.

Le dieu d'origine était donc, non pas un dieu masculin, mais une déesse.

Gaïa est une déesse primordiale identifiée à la Déesse mère. Elle est l'ancêtre maternelle de tous les dieux futurs. Et cet ancêtre Gaïa, qui veut dire « Terre » en grec, est ainsi une essence maternelle et donc féminine.

On associe souvent la mythologie à de puérils récits fantasmagoriques, même si les Amérindiens considèrent les récits mythologiques comme bien réels. Pourtant, il semble que ces récits ancestraux aient eu pour but de nous transmettre des images qui modèlent les comportements et les émotions des humains. C'est ce qu'on appelle des archétypes.

Ces archétypes traversent le temps, l'espace et les cultures. Quels que soient le lieu, l'époque ou la culture dans laquelle vous vivez, ils sont à l'œuvre.

Il est assez intéressant de voir que la déesse première, Gaïa, a vite été remisée au second plan au profit de son « époux » et de sa descendance masculine. D'ailleurs, « Dieu », dans notre langue, est même devenu un mot masculin. Et on constate qu'au fil des ans, dans les sociétés modernes, les représentations de Dieu sont devenues des figures masculines en grande majorité.

Mais nous allons y revenir.

Gaïa, a pris d'autres formes, dans d'autres cultures : Épona chez les Celtes, par exemple, Inanna chez les Sumériens, Hathor en Égypte ancienne ou la Femme blanche chez les Amérindiens. En tant qu'essence maternelle, la déesse incarne le lien à la nature, à la dimension sacrée et à l'unicité de toute vie. Elle incarne les attributs féminins essentiels que sont :

- la fertilité et la fécondité, le pouvoir de donner la vie. Gaïa a engendré sans principe masculin Ouranos, le ciel, les montagnes et l'océan (stérile, au départ) ;
- l'abondance, le pouvoir de nourrir la vie. Les déesses étaient souvent représentées avec une poitrine généreuse, capable d'offrir une abondance de lait, essentiel à la survie de l'enfant. Gaïa représente ce principe d'abondance avec les rivières, les fleurs et tous les éléments de la vie ;
- la dimension cyclique : naissance, croissance, vie, mort et recyclage. Gaïa fomentera l'émasculation de son époux, Ouranos, qui l'oblige à retenir ses enfants prisonniers. Elle peut donner la vie ou la reprendre. Mais le sang issu de cette émasculation (cette petite mort) donnera la vie à trois enfants terrestre et surtout fécondera l'océan, qui deviendra alors fertile et verra naître Aphrodite.

Comme l'explique Bernard Lietaer, il est assez intéressant de constater que les trois attributs de cette Déesse mère correspondent aux trois plus grands tabous de notre société occidentale moderne :

- le sexe ;
- l'argent ;
- la mort.

Monnaie et féminin

Les premières monnaies étaient des représentations de la Déesse mère. Les premières formes auraient été des têtes de bétail. Or le bétail symbolisait la richesse, puisque les vaches avaient cette capacité de produire du lait pour nourrir leurs petits.

Épona, Déesse mère des Celtes, était représentée avec une corne d'abondance remplie de richesses – alimentaires, à l'époque – qui permettait d'avoir une abondance dans la vie.

Il faut bien restituer le contexte où les sociétés de consommation n'existaient pas encore et où l'abondance matérielle consistait certainement à seulement être en capacité de répondre à ses besoins alimentaires.

Une autre forme de monnaie très répandue a été un coquillage nommé le cauri. Ce coquillage a la forme d'une vulve féminine. Il est associé à la fécondité de l'eau (l'océan est devenu fécond à partir du sang d'Ouranos qui, lorsqu'il a été émasculé à la demande de Gaïa, a créé l'écume de mer).

Ainsi, toutes les formes de monnaies primitives sont un attribut direct de la Déesse mère. D'ailleurs, les monnaies primitives n'étaient pas réservées aux échanges commerciaux. Elles avaient aussi un rôle social, rôle qui était souvent prédominant sur la dimension marchande. Par exemple, chez les Lele – en République démocratique du Congo –, la monnaie, qui était du textile, pouvait aussi renforcer et réparer les liens sociaux, payer des droits pour le mariage, payer des droits pour l'initiation religieuse ou encore pour réparer des blessures faites au combat. Le paiement des biens était en fait une fonction marginale de la monnaie qui était d'abord un moyen d'échange. Le rôle social surpassait largement le rôle économique, qui était marginal.

À l'origine, l'argent EST le lien. Lorsqu'elle circule, la monnaie transporte des intentions, des accords. La monnaie est ce qui connecte et non ce qui contrôle.

La répression du féminin

Comme nous venons de le voir, les premières formes de monnaie ont fait leur apparition dans la préhistoire et furent toute un attribut direct de l'archétype de la Déesse mère.

Cet archétype de la Déesse mère qui était symbolisé par les monnaies, après avoir été reconnu pendant des millénaires, a connu ensuite une répression patriarcale, nous explique ainsi Bernard Lietaer dans son ouvrage. La cause de ce changement n'est aujourd'hui pas vraiment identifiée, mais ce qui est certain, c'est qu'au fil des cultures mésopotamienne, indo-européenne, méditerranéenne, islamique et occidentale nous sommes passés d'une culture matrifocale à une culture patriarcale dans laquelle, progressivement, nous avons remplacé la Déesse mère par des dieux masculins. En fait, nous avons créé des sociétés dans lesquelles l'archétype de la Déesse mère était non seulement nié mais même réprimé. Ce fut une ère de répression collective du féminin, dans laquelle nous vivons toujours.

L'idée centrale de Bernard Lietaer est la suivante : nos systèmes monétaires actuels seraient le reflet de nos perceptions du monde et de la société, et notamment de la place que nous accordons au féminin.

La monnaie, un accord collectif inconscient

La monnaie se définit comme l'accord, au sein d'une communauté, d'utiliser quelque chose comme moyen de paiement. Cet accord est maintenant si ancien et si peu remis en question, qu'il en est devenu inconscient.

C'est donc dans le collectif inconscient que pourraient se trouver les réponses au sujet des émotions que suscite l'argent.

La psychologie des archétypes de Jung permet d'explorer cet inconscient collectif. Un archétype se définit comme un ensemble de caractéristiques qui représentent un mode de fonctionnement humain. L'intérêt des archétypes est qu'ils sont universels, c'est-à-dire qu'ils ne sont pas spécifiques à une culture ou une époque. En effet, Carl Jung a identifié qu'il y avait des schémas de comportements universels dans toutes les histoires et les mythologies, quels que soient la culture, l'époque et le lieu. Il a alors fait l'hypothèse que l'esprit humain contenait une part collective d'inconscient partagée par toutes les personnes de l'espèce humaine, une sorte de mémoire universelle.

Lorsqu'un archétype est réprimé, refoulé, il ne disparaît pas ; son ombre continue d'exister dans notre vie. Et notre monnaie, du fait son lien historique avec l'archétype de la Déesse mère, est la matérialisation idéale des ombres de l'archétype refoulé.

Mais qu'est-ce que l'ombre de l'archétype ? L'ombre est la manifestation extrême des attributs de l'archétype. Extrême, soit par excès, soit par défaut.

Par exemple, si je prends l'attribut de la puissance, son excès génère l'autorité abusive, la dominance agressive. À l'inverse, son défaut génère l'abandon de pouvoir, l'impuissance.

Il est assez intéressant de remarquer que, dans les sociétés où le féminin n'était pas réprimé, le sexe, l'argent et la mort n'étaient pas des sujets tabous comme ils le sont aujourd'hui dans la plupart des sociétés dites modernes. Ces sujets devenus tabous seraient donc en fait les ombres par excès ou par défaut des attributs de l'archétype de la Déesse mère :

- renier l'attribut de la fertilité a généré l'ombre en excès du sexe abusif sans amour et l'ombre en défaut du « pas de sexe » ou refus du sexe, qui serait malsain ou interdit ;
- renier l'attribut de la dimension cyclique vie-mort a généré en excès une course frénétique pour la vie et la jeunesse, et en défaut une peur terrible de la mort, qui est symbole de fin et non plus de « recyclage » ;
- renier l'attribut de l'abondance a généré notre système économique actuel. En excès, c'est la course au matérialisme, à avoir toujours plus, à la cupidité. En défaut, c'est la peur du manque, de la pénurie et sa manifestation dans la pauvreté.

Notre système économique, une représentation des ombres de l'archétype de la Déesse mère

Tout étudiant qui apprend l'économie découvre que notre système capitaliste (au passage, capitaliste vient de *caput* = tête =

l'une des premières monnaies) est très récent, à l'échelle humaine. Adam Smith (1723-1790), considéré comme le père du libéralisme économique, était d'ailleurs aussi philosophe et auteur d'un ouvrage sur la morale. Son hypothèse est que l'homme recherche toujours naturellement le moyen de s'enrichir le plus possible. Autrement dit, l'homme est naturellement cupide.

Il a donc confondu ici l'ombre (la cupidité, l'avidité) avec la réalité. Il a pensé que l'ombre, le comportement qu'il observait, était la réalité, alors qu'il s'agissait de la manifestation de l'archétype refoulé dans son attribut d'abondance. Le problème, c'est que tout notre système économique actuel repose sur ce concept. Et nous avons ainsi créé une économie de la rareté, dans laquelle nous ne reconnaissons pas l'abondance que la vie elle-même nous offre, dans laquelle la richesse matérielle est la plus valorisée, dans laquelle existe la compétition, dans laquelle on nous fait croire qu'il n'y en a pas assez pour tout le monde.

Il est amusant, d'ailleurs, que la définition du terme « économie » soit « l'affectation des ressources rares en s'appuyant sur le désir d'accumuler ». Nous retrouvons bien dans cette définition les deux ombres liées à l'argent : rareté et volonté d'accumuler, c'est-à-dire peur de manquer et cupidité.

Le problème n'est donc pas l'argent mais ce que nous projetons sur l'argent.

Le problème est que nous avons renié les attributs du féminin dans notre société.

Pour Bernard Lietaer, la solution économique est de remettre dans le système des formes de monnaies « féminines », dites aussi, d'ailleurs, circulaires (un lien avec le cycle de la vie et de la mort ?). Les monnaies circulaires sont les monnaies locales qui valorisent davantage le lien social. Je ne détaillerai pas ici ce type de monnaie mais je vous invite vivement à vous informer plus en détail sur celles-ci, au besoin. Il me semble important de mentionner qu'il n'est pas question dans cette solution économique de supprimer les monnaies dites nationales, mais simplement de faire cohabiter les monnaies locales et les monnaies nationales.

Le dernier paragraphe vous présentera ce qui, selon moi, est la deuxième partie de la solution à nos problèmes économiques. Cette deuxième partie est à mon avis la seule qui permettra d'avoir un véritable changement de nos sociétés, leur permettant ainsi de reconnaître à nouveau le féminin et de jouir pleinement de ses attributs, et le développement des monnaies locales nous indique qu'elle est en cours, même s'il y a encore beaucoup de travail.

Argent, abondance, féminin et spiritualité

En réprimant le féminin, nous avons aussi réprimé la conscience unitaire, le lien mystique avec la nature. La répression du féminin coïncide ainsi avec la répression de la spiritualité. La déesse symbolise l'unité de toute vie dans la nature. Elle connecte le corps humain et la terre au mystère du sacré.

Honorer la déesse, c'était honorer l'approche de la spiritualité, que les peuples primitifs tentent aujourd'hui de nous ramener à la conscience : nous ne faisons qu'un avec la nature. La monnaie était « humaine », dans ces sociétés matrifocales. Je ne prétends pas qu'elles étaient parfaites, mais la dimension sacrée était bien plus présente, le lien à la nature, la reconnaissance de toute vie comme quelque chose de sacré ne faisait pas rire. Avec la reconnaissance du féminin existait une société qui véhiculait des valeurs non matérialistes. Les anciennes sociétés féminines étaient d'ailleurs non guerrières. La reconnaissance de l'abondance faisait qu'il n'y avait pas de conquête à faire pour avoir « sa part », c'est-à-dire pour satisfaire ses besoins vitaux.

Enfin, petite anecdote : j'ai trouvé assez amusant, moi qui pratique aussi beaucoup l'astrologie, de découvrir qu'à l'origine le mot *« virgo »*, qui a donné « vierge », signifiait « pas contrôlée par un homme »...

Selon moi, créer « simplement » des monnaies locales ne suffira pas, même si c'est un excellent début. Il est donc essentiel, si nous voulons changer notre société en profondeur, de faire un travail individuel de prise de conscience de transformation et de réappropriation de nos ombres personnelles. Le travail sur l'argent permet vraiment cela, et c'est ce qui, pour moi, a motivé la création d'une formation de coach spécialisés dans ce domaine, Moneycoach®. Avec Marcelle, nous avons en commun, je pense, le désir de créer une communauté de personnes conscientes pour aider et accompagner un maximum de personnes à reprendre leur pouvoir financier et ainsi se reconnecter à leur spiritualité et s'épanouir dans une vie saine et pleine de sens. Cet épanouissement s'entend bien sûr sur le plan spirituel mais aussi sur le plan matériel.

**HISTOIRES DE LA TRANSFORMATION
DE DOUZE FEMMES PROSPÈRES ET PUISSANTES**

MARYLINE LEPRINCE
Reprendre son pouvoir financier, une aventure personnelle et spirituelle

Le pouvoir de l'épargne

Je l'avais vue, trônant dans la vitrine du petit marchand du village où je vivais. Brillant de ses mille feux, toute noire et surtout très grande. J'en rêvais. Et ce, d'autant plus que la petite orange pliable que j'avais était devenue, non seulement trop petite, mais aussi trop « bébé » pour la « grande » fille que j'étais à présent.

Il me fallait cette bicyclette à tout prix !

Le prix, voilà bien le problème. Elle coûtait 500 francs. Une fortune, pour une gosse de 8 ans, à l'époque où le Smic était à environ 2 300 francs (353 euros). Mais j'étais vraiment motivée et, en réunissant toutes les économies de mes anniversaires et autres pièces que j'avais reçues, j'atteignais royalement 200 francs !

Je me rappelle encore mon père me prenant cette somme qui constituait la totalité de mes économies, que mes parents allaient généreusement plus que doubler pour m'offrir cette bicyclette noire. Ce fut ma première expérience de la joie qu'on peut éprouver d'acquérir quelque chose grâce à son épargne. Je me revois parcourant tout le village bien plus vite que je ne l'aurais imaginé avec cet engin super moderne ! J'ai gardé ce vélo jusqu'à l'achat du suivant… pour mes 25 ans !

Épargner pouvait donc offrir le pouvoir d'avoir ce qui nous tenait vraiment à cœur. Ce fut ma première grande leçon.

Reprendre mon pouvoir financier ne s'est pas fait soudainement. Je ne me suis pas un jour réveillée en me disant que, eurêka, je me sentais désormais puissante avec l'argent. En fait, c'est même plutôt tout le contraire, et c'est un cheminement pas à pas qui s'est effectué pour moi, un cheminement que je pourrais nommer « De la recherche de l'indépendance financière à la liberté financière ». Je fais un vrai parallèle entre mon cheminement financier et mon cheminement spirituel, et j'essaierai, en vous contant mon histoire, de mettre en valeur comment cette quête de liberté financière fut et est encore pour moi l'opportunité de grandir personnellement et spirituellement.

Ainsi, j'ai organisé mon histoire en prenant pour guide les transformations personnelles que j'avais faites et j'ai illustré à chaque fois par des histoires ou des anecdotes concrètes.

Je termine par ma vision actuelle de l'argent, de la manière dont je l'aborde ou de la manière dont je pense qu'il peut être plus facile de l'aborder pour reprendre son pouvoir financier.

**En quête de sécurité à tout prix :
le pouvoir de vie ou de mort de l'argent**

À côté de la bicyclette, une autre activité me plaisait énormément, lorsque j'étais enfant : jouer à la marchande. On pourrait penser que le fait que mes parents avaient un commerce m'influençait, mais j'ai commandé mes premières caisses enregistreuses automatiques dès 4 ans, alors qu'ils étaient encore salariés. J'aimais jouer à la marchande, non pas pour être cliente, mais bien vendeuse. J'imagine que c'est le cas de beaucoup d'enfants, cela dit. Mais vendre pour gagner de l'argent a vite été quelque chose qui m'enthousiasmait, au point que j'essayais de vendre les sacs de billes que j'avais gagnés ou les puzzles que j'avais faits moi-même en faisant du porte-à-porte dans mon village. J'avais peut-être trouvé là ma vocation sans le savoir.

Avoir des parents commerçants depuis mes 7 ans avait rendu ma vie magique, car le logement étant accolé à la boutique, mes parents étaient toujours présents lorsque je rentrais, et en même temps, j'avais beaucoup de liberté, dans ce petit village. J'avais aussi expérimenté les hauts et les bas qu'une activité indépendante peut générer : de la semaine royale au ski en pension complète, aux vacances d'été chez ma grand-mère, en Dordogne, parce que les caisses étaient vides.

Je savais que l'argent pouvait parfois être source d'inquiétude pour mes parents, mais de loin, probablement parce qu'ils avaient su m'en préserver, et aussi parce que je pense que les enfants ne se préoccupent pas naturellement de cela si on ne leur en parle pas.

Pourtant, ma vie a pris un tournant bien différent, lorsque j'ai eu 12 ans. J'ai dit adieu à ma douce existence de petite fille insouciante, lorsque mon père est brutalement décédé à 33 ans d'une rupture d'anévrisme. Âgée de 31 ans, ma mère s'est retrouvée veuve, avec deux enfants à charge et un fonds de commerce qu'elle ne pouvait pas garder seule, car une partie de l'activité – l'horlogerie – dépendait surtout des compétences professionnelles de mon père. Probablement pour des raisons financières, mon père avait résilié ses assurances quelques mois avant son décès, et ma mère, en tant que conjoint collaborateur (non reconnue, à l'époque), a tout perdu, d'autant plus que le fonds de commerce ne s'est jamais vendu, la crise économique étant passée par là. Il lui a fallu en urgence trouver un emploi pour nous offrir un toit et s'occuper de nous. Elle l'a fait avec brio, mais pas sans galères ni souffrances.

J'ai vite attribué le décès de mon père au stress financier qu'il traversait à ce moment-là. Il avait en effet des dettes professionnelles – des emprunts – importantes qu'il ne voyait pas du tout comment rembourser, l'activité du commerce ayant beaucoup chuté. Et si auparavant j'avais suivi « de loin » leurs aléas financiers, à 13 ans, je venais de plonger au cœur de ceux-ci et j'avais vite fait le raccourci « les problèmes d'argent peuvent tuer ».

J'ai donc fini de grandir et je suis entrée dans l'âge adulte avec ces leçons essentielles concernant l'argent :

- le manque d'argent peut tuer ;
- épargner peut donner accès à des expériences incroyables ;
- jamais je ne veux vivre ce que ma mère a dû endurer.

Cette partie de mon enfance a beaucoup conditionné ma volonté de « m'en sortir » en travaillant bien à l'école pour « réussir ». M'en sortir, pour moi, c'était avoir la sécurité d'un toit dont je serais propriétaire et d'un emploi qui me garantisse un salaire pour ne pas manquer. Évidemment, à l'époque, je ne savais pas vraiment de quoi je ne voulais pas manquer, ni de combien j'avais en fait besoin pour ne pas manquer. Je voulais juste devenir propriétaire, car je ne sais pour quelle raison, à mes yeux, mon salut passerait par cela. Je pense aussi que, n'ayant jamais pu profiter d'une maison, ou plutôt d'un jardin, dans mon enfance, c'était pour moi un premier rêve à concrétiser. Ce qui est certain, c'est qu'avec cette volonté de réussir, associée à la peur de ne pas y parvenir, j'ai été hantée par le stress d'échouer, car avoir un « bon job » représentait désormais pour moi une question de vie ou de mort.

À 20 ans, alors que je rêvais de « monter une boîte », j'ai eu peur (encore !) et j'ai préféré continuer mes études pour trouver un job bien rémunéré et surtout plus sécurisant. Un job qui me garantissait aussi que j'aurais du temps pour m'occuper de la famille que je voulais construire, alors que je pensais qu'être entrepreneur était non seulement très risqué sur le plan financier mais aussi incompatible avec une vie de maman. Passionnée par l'entrepreneuriat et l'enseignement, je suis devenue prof. Évidemment, pas dans n'importe quelle discipline : professeur d'économie et gestion commerciale, afin tout de même d'être en lien avec ma passion du business. Ainsi, j'allais enseigner, de la terminale au BTS, les rouages du monde économique et du marketing. Et enseigner, il faut l'avouer, me plaisait énormément. J'ai ainsi accédé à un job qui m'intéressait, m'offrait la sécurité « à vie » et du temps pour être maman. Tant pis s'il fallait pour cela faire des concessions financières par rapport à ce que j'aurais pu espérer d'un job dans le privé.

Ma jeunesse et ma vie de jeune adulte ont été guidées par mon besoin de sécurité et ma volonté d'accumuler. Ma mère nous élevant seule, mon frère et moi, j'ai toujours eu droit aux bourses, et dans ma classe de seconde, nous n'étions que trois à ne pas être fille ou fils de cadre. Je ne me suis jamais vécue comme pauvre, encore moins comme riche, évidemment, et j'ai commencé à épargner, capitaliser pour créer un « matelas », un « tampon » censé m'offrir de la sécurité. Je me souviens d'ailleurs, à 13 ans, être allée ouvrir mon premier compte en banque à la BNP, qui ouvrait le bal du marketing à destination des adolescents. À 16 ans, j'avais déjà des comptes dans trois banques. Et mon premier job d'été, toujours à 16 ans, a été dans une banque. En fait, j'ai été obsédée par le fait de trouver une sécurité financière, au point que cela n'a pas été sans conséquences importantes pour ma première partie de vie.

1/ J'ai épargné au point de ne plus savoir profiter d'un café ou d'une soirée. La sécurité passait avant tout. Même 2 euros pour un café, à l'IUT, étaient pour moi une dépense trop importante qui risquait de remettre en cause mon projet d'avoir une maison. J'ai manqué des expériences agréables car j'ai été trop radine envers moi-même.

2/ Je me suis beaucoup privée financièrement, et cela m'a aussi fait louper des opportunités importantes ; par exemple le renoncement à passer le concours de l'ESCP, qui coûtait 500 francs à l'époque, une somme colossale pour moi. Avec le recul, si je suis honnête, la peur de ne pas le réussir a probablement joué un rôle au moins aussi important que de ne pas vouloir dépenser cette somme. Mais j'avoue aussi que je ne bénéficiais pas de l'environnement ni du recul qui m'auraient permis de voir que l'investissement financier à faire pour une grande école de commerce m'aurait servi dès le départ pour obtenir un meilleur salaire et de plus grandes opportunités de carrière.

3/ J'ai été jugée parce que je respectais et appréciais l'argent. Je pourrais presque écrire un livre entier sur cette partie, tant ce fut un aspect assez douloureux sur le plan personnel. Je me suis sentie souvent incomprise et rejetée.

Mais il y a aussi eu des conséquences positives à ce comportement.

1/ J'ai développé mes dons pour capitaliser et faire fructifier mon argent, et j'ai toujours eu de l'épargne de côté, même dans mes pires moments.

2/ J'ai appris la différence entre dépenser et investir.

3/ J'ai appris à ne dépenser que pour ce qui avait vraiment de la valeur à mes yeux ; à l'époque, voyager.

4/ J'ai appris à vivre avec très peu et j'en éprouvais même de la joie, car ce qui me donnait encore plus de bonheur était l'idée de ce que j'aurais plus tard grâce à ces privations immédiates.

5/ J'ai appris à me fixer un objectif à long terme important et à faire les sacrifices nécessaires pour l'atteindre. D'ailleurs, j'ai découvert récemment que le terme « sacrifice » signifie « rendre sacré ». Avoir une maison était pour moi bien plus sacré que faire des sorties en boîte ou autres qui me semblaient très futiles, déjà adolescente.

6/ À 26 ans, j'ai accédé à mon rêve d'acheter une superbe maison avec un grand jardin, dans un environnement très haut de gamme, à proximité d'un golf.

Quand je regarde en arrière mon adolescence et ma jeunesse, je me dis que je n'ai pas beaucoup profité de cette époque, comme il me semble que l'ont fait la plupart des autres jeunes que je côtoyais. J'ai davantage mené une vie « d'ascète » financier, mais comme je l'ai expliqué, j'en éprouvais de la joie, et cela avait du sens pour moi, car j'avais un objectif supérieur.

Apprendre à dépenser pour profiter plus de la vie

Je coulais des jours merveilleux, avec une famille, une maison, un job qui me plaisait pour une grande partie et surtout qui m'était garanti à vie.

À 28 ans, lorsque, trois semaines après m'être fait opérer, le chirurgien m'a rappelée pour me dire que, finalement, la tumeur qu'il m'avait enlevée était cancéreuse, mon existence a basculé une deuxième fois.

J'ai pris conscience que la vie pouvait être extrêmement courte et combien elle était précieuse ! J'ai alors décidé que je voulais profiter au maximum de chaque jour. Profiter de mes enfants et de ma famille en conscience a été mon premier focus, et je me suis beaucoup plus ouverte à dépenser pour un autre domaine essentiel à mes yeux : étudier !

Dépenser pour étudier, c'était une forme de capitalisation. Et maintenant que j'avais ma maison et que j'avais compris ces grandes leçons, je me devais de profiter davantage de la vie.

Bizarrement, même si j'aimais toujours enseigner, et même si j'avais été promue à des fonctions académiques à coté de mon temps d'enseignement, je commençais à m'ennuyer un peu. L'Éducation nationale ne me donnait pas un cadre suffisant pour exprimer tout ce que j'avais envie de faire, pour réaliser tous les projets qui m'animaient.

Voilà que l'envie d'entreprendre, d'être à mon compte et de développer un business grâce à mes talents me reprenait !

Comme j'avais étudié la naturopathie, je voulais m'installer comme naturopathe, puis ce fut comme coach... et aussi, je rêvais d'ouvrir des chambres d'hôtes et d'avoir un centre de bien-être.

Mais on ne quitte pas l'Éducation nationale comme on quitte un job d'étudiant.

S'entraîner pour devenir indépendante financièrement

Cela m'a pris environ trois ans pour passer de l'idée à la réalisation concrète. Pendant ce temps, j'étais en congé parental, et aussi dans une période où mon couple commençait à aller mal. La décision s'est donc prise dans un contexte particulièrement stressant, puisque je savais que je risquais de ne plus avoir de filet de sécurité si nous nous séparions. Mais l'envie a été plus forte que la peur. Et surtout, j'ai agi sans trop en parler autour de moi. En effet, les quelques personnes avec qui j'en avais discuté m'avaient toutes fait un retour très négatif, voire très dramatique, me disant combien j'étais inconsciente, que je ne réalisais pas ma « chance » d'être fonctionnaire, « en plus, prof, avec des vacances ! », que le marché du travail allait très mal, que je ne savais pas ce que c'était, qu'être entrepreneur était risqué, etc.

Je me suis dit qu'il valait mieux que je fasse taire ces petites voix qui cherchaient à saboter mon élan, sous peine de ne jamais réussir à franchir le pas.

Une fois franchi, un autre challenge m'attendait : devenir indépendante, juridiquement mais aussi financièrement. Et ce, d'autant plus que la séparation redoutée est arrivée, de mon fait, même si je me suis alors retrouvée sans revenus, à un moment donné.

Devenir indépendante s'est fait progressivement, par étapes. Étant de nature assez émotive, les aléas affectifs que j'ai traversés ne m'ont pas trop aidée, car il m'est assez difficile de me concentrer sur mon travail lorsque mon cœur est en souffrance. C'est un apprentissage et un entraînement, là aussi, et lorsque les enjeux sont importants, une nouvelle force se révèle.

En fait, il m'a fallu comprendre qu'en tant qu'entrepreneure mon job le plus important, pour commencer, n'était pas d'accompagner ou de former, comme ce dont je rêvais, mais de trouver des clients ! Et cela, si je savais le faire en théorie, a été un chemin très laborieux, au départ. J'ai souvent eu la sensation que l'énergie qu'il fallait déployer pour commencer était immense. L'image qui me venait était d'avoir deux sabots dans une boue épaisse, lourde et collante, et que chaque pas que je devais faire pesait des tonnes.

Mais comme tout, l'entraînement rend chaque pas plus facile et plus aisé, et un pas devant l'autre, j'ai avancé et atteint mes objectifs. Il est vrai que c'est aussi grâce au travail personnel que j'ai fait que j'ai évité de retomber dans mes travers.

J'ai commencé un travail de conscience dans ma relation à l'argent, des croyances que j'avais, des projections que je faisais. Ce fut libérateur mais insuffisant. Dans un second temps, j'ai aussi compris et accepté comment je fonctionnais avec l'argent et j'ai décidé de capitaliser sur mes talents. J'en ai même fait au fil du temps ma spécialité professionnelle. Reconnaître que mon mode de fonctionnement était simplement différent de celui des autres et que j'avais des qualités financières m'a permis de franchir un cap. Restait une dernière étape, essentielle…

M'autoriser et apprendre à vivre plus richement

Je me souviens, lorsque ma coach américaine me posait la question à un million de dollars : « Si tu réalisais un million de dollars de chiffre d'affaires, que ferais-tu ? »

Au départ, je détestais cette question. Je me disais que je ne voulais pas réaliser un million de dollars, et rien que la question me faisait me sentir mal. En fait, je ressentais de la culpabilité à l'idée de générer une somme aussi élevée à mes yeux. C'est un peu comme si réaliser ce chiffre d'affaires (CA) pouvait faire de moi une personne différente. Et puis ce que je craignais vraiment, en fait, c'était le regard des autres. Que penseraient-ils, s'ils découvraient que j'avais un business de ce niveau ?

Je craignais aussi, en ayant un CA aussi élevé, de « prendre » la part des autres et, d'une certaine façon, de devenir responsable de la pauvreté d'autres personnes. Cette vision était très erronée, car en fait le gâteau grandit au fur et à mesure, et lorsqu'on est plus aisé financièrement et conscient, on dépense aussi davantage, faisant ainsi circuler l'argent et permettant à d'autres de s'enrichir à leur tour. Finalement, si on est conscient, on a alors aussi plus de pouvoir de contribuer à ce qui compte vraiment. La culture judéo-chrétienne a beaucoup diabolisé l'argent, notamment en mettant l'usure – le fait de facturer des intérêts – dans la liste des péchés capitaux. Il ne s'agit pas ici pour moi de juger si c'est bien ou non, c'est juste un constat et une explication possible de la honte qui peut être associée à la richesse.

Au bout de deux ans et demi, j'ai eu un déclic, j'ai compris que la question du million de dollars n'avait pas tant pour but de me faire atteindre le million de dollars que de me mettre dans un état d'esprit différent de celui dans lequel j'étais. Je ne pouvais pas faire croître mon chiffre d'affaires avec l'état d'esprit que j'avais. Pour atteindre mon objectif, il me fallait changer d'état d'esprit. Me mettre « dans la peau » d'une entrepreneure qui fait un million d'euros de CA m'obligeait à faire un bond et à penser complètement différemment pour atteindre mon propre objectif. Ce fut une grande prise de conscience !

Devenir libre financièrement
Développer confiance et foi en la vie

Aujourd'hui, alors que je commence ma deuxième partie de vie, je serais malhonnête si je disais que plus jamais je ne suis stressée par la peur du manque d'argent. Elle revient parfois, sous une forme atténuée, et me donne ainsi l'opportunité de regarder en arrière et de constater qu'à chaque instant de ma vie j'ai toujours trouvé les ressources dont j'avais besoin.

Je rêve d'un monde où le revenu universel permettrait à chacun d'exercer l'activité qui lui plaît sans s'inquiéter de ses revenus, mais en même temps, il faut avouer que la nécessité de rentabilité, comme toute contrainte, provoque aussi beaucoup de créativité. Et l'un de mes plus grands talents étant de trouver pour mes clients comment monétiser leurs talents, c'est devenu pour moi une opportunité et une source de motivation pour me mettre en action et accomplir ce qui me plaît.

Cette question de l'argent m'a donné, et continue de me donner, la chance de m'interroger sur l'organisation de notre société.

L'argent est-il un moyen ou une fin ?

Qu'est-ce qu'être riche ? À partir de combien suis-je riche ?

Est-ce qu'aider mon prochain financièrement est vraiment l'aider, à terme ?

Et surtout, l'argent a été l'occasion de faire un merveilleux travail de développement personnel en comprenant chaque peur, chaque croyance, chaque projection qu'il faisait surgir, et surtout la mise en action qu'il nécessitait.

Mais environ deux ans plus tard, de nouveau, j'ai eu une nouvelle prise de conscience importante : ce qui compte, ce n'est pas l'objectif que je me fixe mais le chemin que je vais parcourir pour l'atteindre. D'un seul coup, me fixer un objectif ambitieux n'était plus du tout honteux, c'était un jeu ! C'était m'amuser à voir dans quelle mesure je serais capable de me dépasser et de réaliser quelque chose qui m'apparaissait pour le moment très lointain mais qui finalement, si j'appliquais mes belles idées de « tout est possible », devait être réaliste.

D'un seul coup, atteindre le million d'euros est devenu une aventure et non un tabou. Le résultat en tant que tel n'est plus ce qui importe tant. Le chemin, le fun de tester, d'expérimenter, de découvrir et, en chemin, de devenir une autre personne, voilà ce qui est excitant.

Devenir riche, je crois, s'apprend, mais contrairement à ce que beaucoup pensent, ce n'est pas dans le quoi faire qu'on apprend à devenir riche mais dans l'être. En fait, mettre en œuvre des techniques et des outils pour accéder à des revenus plus élevés est beaucoup plus facile que de devenir « riche » et donc de se vivre comme être riche.

Ce que j'aborde ici est très subtil et peut-être ne vous parlera pas tout de suite, mais en cela, le milieu social d'où on vient, les exemples que l'on a eus ou que l'on a autour de soi sont aussi très importants. Je pense véritablement que l'environnement est essentiel et qu'il est beaucoup plus difficile de devenir riche lorsqu'on n'a pas d'exemple ou de modèle proche.

Il y a un plafond de verre inconscient qui nous freine et nous restreint. Mais difficile ne veut pas dire impossible !

Pour conclure cette histoire, je dirais que reprendre son pouvoir financier se résume à trois points-clés pour moi :

- **libérer** ses fardeaux psychologiques (et souvent inconscients) avec l'argent ;
- **s'autoriser à être** qui on a vraiment envie d'être ;
- **se mettre en action** vers ce que l'on a envie de faire profondément.

La vie est une aventure, et tout ce qui nous arrive est l'opportunité d'apprendre et de croître. En faire un jeu, vivre cela comme une aventure, est peut-être la meilleure façon de reprendre son pouvoir financier. En fait, il s'agit de développer confiance et foi en la vie.

Les femmes ont un rôle essentiel à jouer dans cette partie.

Je ne crois pas qu'elles aient un rôle plus important que les hommes, mais des siècles, voire des millénaires, de culture patriarcale ont dénié les valeurs féminines et mis en exergue les valeurs masculines. Pourtant, c'est de l'équilibre que viendra notre vraie richesse. Équilibre entre intuition et raison, action et imagination, être et faire, féminin et masculin.

Reprendre son pouvoir financier est une aventure spirituelle, dans le sens où cela requiert de reconnecter en soi ses différents pôles féminin et masculin. Et cela pourrait être l'objet d'un autre livre tout entier !

ZUZANA CHROMA
Comment manifester l'argent dans votre activité

Dans cette section :

• vous allez apprendre comment manifester l'argent dans votre business. Nous allons parler de l'intention, de l'énergie, de plan d'action, de mindset ;
• vous allez apprendre quelles sont les actions qui vous permettent de vous aligner avec vos motivations fondamentales ;
• nous allons voir ensemble la différence entre un but et une intention ;
• nous allons voir aussi les quinze pièges mesquins de votre ego qui vous empêchent de matérialiser l'argent et comment vous en débarrasser ;
• vous allez découvrir comment identifier vos ressources invisibles ;
• vous allez apprendre comment travailler votre vision, votre relation à la richesse, et bien plus encore.

Alors bienvenue dans cette aventure !
Je m'appelle Zuzana Chroma. Je suis business mentor pour coachs et entrepreneurs qui se bougent. Avant de commencer, faisons connaissance, vous et moi.
Tout d'abord, où que vous soyez, sachez que vous méritez tout ce dont vous rêvez.
Et pour obtenir tout ça, vous avez en vous les trésors de puissance de la pensée féminine ! Mon message a pour vocation de vous propulser au-delà de vos croyances, mais avant que vous ne commenciez sa lecture, je me dois de vous avertir.
Le fait que ce message soit arrivé jusqu'à vous est un des signes que l'Univers vous a réservés, et le fait que vous soyez en train de lire ces mots signifie tout simplement qu'il y a des choses qui sont sur le point de changer dans votre vie. Vous allez bientôt

voir plus grand, car vous saurez, au fond de vous, que vous êtes une femme visionnaire, et ce, même si votre réalité d'aujourd'hui ne vous montre pas le tableau que vous voulez peindre pour votre vie.

Si parfois vous avez des doutes sur votre capacité à accomplir vos rêves les plus fous, sachez que je ressentais cela moi aussi, il n'y a pas si longtemps.

Le doute s'était changé en perfectionnisme, et je nourrissais la croyance que je n'avais pas d'imagination et que mes grands talents se résumaient à mes facultés d'analyse. J'étais, de plus, convaincue que je ne pouvais réussir en France avec l'accent qui traînait à la fin de chaque mot que je prononçais ! Pour rester polie, tout cela n'était que foutaises !

Que d'excuses des femmes comme vous – parmi les plus brillantes que je connaisse – se sont-elles inventées, que de murs ont-elles laissé leur entourage ériger pour elles !

Cela suffit ! Nous avons besoin de vous.

La communauté mondiale crie pour que chaque femme se réveille et recouvre sa puissance endormie depuis des millénaires.

Une fois que vous aurez appliqué les puissants principes du succès, vous allez considérablement avancer le long de votre chemin. Et si vous voulez aller encore plus loin avec un groupe de femmes déterminées, j'ai créé le Sister Mind à cet effet pour continuer l'aventure et pour que nous nous entraidions.

Entre nous, si je vous dis combien ces informations puissantes ont changé ma vie et la vie de milliers d'autres femmes comme la vôtre, c'est parce qu'il est important pour moi de savoir que VOUS allez avancer et faire de ce monde un merveilleux endroit où vivre.

C'est cela mon désir ardent, ma mission : je vous enseigne comment avoir LA LIBERTÉ de faire ce que vous voulez, quand vous voulez, avec qui vous voulez.

AVOIR PLUS DE TEMPS, PLUS D'ARGENT ET VOYAGER AVEC VOTRE FAMILLE, car vous n'êtes pas obligées de faire des sacrifices pour obtenir ce qui est le plus important pour vous !

Tout a commencé pour moi quand j'ai découvert le livre de

Napoleon Hill *Réfléchissez et devenez riche*[2], en 2008. À partir de ce moment précis de mon existence, j'ai commencé à chérir l'idée d'entreprendre. Un an après, je montais ma première société avec ce que j'avais appris dans ce livre. À l'époque, j'avais 26 ans et je venais de terminer mes études d'économie, un bac + 3 obtenu par le biais des cours du soir délivrés par le Cnam.

Hélas, personne ne m'avait appris comment fonctionnait le monde des affaires, et ce n'est pas là bas que je devais obtenir cette information.

Née en Slovaquie dans une famille d'ouvriers, j'étais à mille lieues d'imaginer qu'un jour je participerais à la traduction et l'édition de livres de développement personnel. Grâce à ces mêmes livres, aux formations et aux conférences que j'ai données depuis, j'ai positivement impacté la vie de milliers de personnes bien au-delà de mon imagination.

Qui aurait cru qu'en 2015 j'éditerais l'un des livres de Sharon Lechter, alors que je dévorais à l'époque son best-seller *Père riche, Père pauvre*, co-écrit avec Robert Kiyosaki, ou celui de Napoleon Hill, deux ouvrages qui m'avaient tant inspirée !

À mon arrivée en France, j'étais jeune fille au pair, j'avais alors à peine 18 ans et je n'étais payée que 300 francs par mois ! C'est là qu'a commencé mon histoire, avec le désir ardent de réussir et la détermination de m'en sortir.

J'ai investi énormément de temps et d'énergie dans mes premières idées d'entreprendre, et franchement, contrairement à ce que j'imaginais, rien ne s'est passé comme prévu. Sur le chemin de l'entrepreneur, vous êtes toujours en train de saisir les occasions, tout en évitant les nids-de-poule. C'est un peu comme si vous faisiez un jogging en forêt avec des talons aiguilles.

Mais quelle aventure !

Depuis, j'ai créé une entreprise d'import-export, fait un burn out pour arriver au point où, en 2012, j'en avais plus qu'assez de

---

[2] (https://amzn.to/2OVlGzP).
La formule célèbre d'Andrew Carnegie pour gagner de l'argent, fondée sur 13 étapes éprouvées. Élaborée au cours de vingt-cinq ans de recherche, en collaboration avec plus de cinq cents hommes fortunés qui ont prouvé par leurs propres accomplissements que cette philosophie est réalisable.

vendre des sacs à main et des articles de luxe – l'activité que j'avais lancée en 2009. J'avais envie de changer de vie et surtout de « changer le monde ».

Je sentais ce message en moi, mais à l'époque, je ne savais pas comment faire et méconnaissais le sens profond de mon propre message.

J'étais juste sûre d'une seule chose, je ne voulais plus vendre de produits physiques mais de l'information.

Deux mois plus tard, j'ai rencontré Sergio Laubary, avec sa brillante idée de traduire et d'éditer les livres de Napoleon Hill. Neuf mois plus tard, j'ai investi dans son idée une grande partie de mes économies, et nous avons créé Aska Éditions. Associés de cœur, nous devenions alors associés d'affaires unis au service du message de transformation du développement personnel et professionnel.

Après seulement un an d'activité et la publication du désormais best-seller *Plus malin que le diable*, j'ai aussi eu l'occasion de lancer le fabuleux livre de Sharon Lechter, une bénédiction qui m'a permis d'aider les femmes, dans toute la francophonie, sur leur chemin vers la réussite. Cette aventure m'a inspirée pour créer le sommet « Riches et Influentes » et le groupe Facebook du même nom.

Depuis, j'organise des séminaires de transformation pour aider les femmes à se motiver les unes les autres en partageant les stratégies avancées des femmes d'affaires.

Aujourd'hui encore, lorsque je reçois une femme qui pourrait être ma mère, pleine d'émotion et de gratitude pour le soutien que je lui apporté en l'aidant à décrypter les mystères de sa vie, et qui me dit, en larmes, « Zuzana, tu as changé ma vie. », mon cœur me murmure : « Voilà le chemin que tu as toujours cherché, aider les autres et éclairer le chemin de la nouvelle génération des femmes entrepreneurs. »

Et je suis juste au début, cela ne fait que commencer. Et VOUS aussi vous n'êtes qu'au début !

Où en êtes-vous aujourd'hui de la création de richesse dans votre activité ?

Nous allons faire une « petite table rase », un petit ménage. Nous allons regarder comment cela se passe en ce moment pour prendre conscience de votre création de richesse et comment cela se passe au sein de votre entreprise.

Lorsque vous êtes conscient de ce qui se passe dans votre entreprise, c'est beaucoup plus facile de trouver le chemin et le plan, beaucoup plus facile d'être au clair. Que voulez-vous manifester ? Quelles sont les prochaines étapes, etc. ?

Quelles sont les choses dans votre entreprise que vous avez réalisées et quelles sont les choses que vous voudrez réaliser ?

Nous allons regarder cela ensemble et également visualiser la version de vous-même qui a déjà réalisé cela. C'est ce que j'appelle votre saut quantique personnel. Nous allons voir comment vous pouvez vous y connecter.

Vous allez non seulement obtenir des informations pertinentes mais également accéder à des exercices pratiques.

La première chose à savoir, c'est que souvent je parle de la tête, du cœur et des tripes.

Parce que, dans l'entreprise, vous avez besoin d'avoir la tête claire et les idées claires pour pouvoir avancer et pour pouvoir réaliser et matérialiser l'argent dans votre business.

Un jour, je recevais un coach qui voulait travailler avec moi. Elle m'a dit : « Je n'aime pas le mot business. » Donc j'utilise le mot « activité » avec elle. Je sais que nous allons parler d'argent, je sais que nous allons parler de votre entreprise, que nous allons aborder des sujets un peu intimes. Si un mot vous dérange, n'hésitez pas à le remplacer.

Nous allons aussi parler des émotions. Mais dans cette section, nous allons parler d'une partie très spéciale de votre personnalité : votre ego. Comment votre ego vous empêche de réaliser ce que vous voulez, ce qui compte le plus dans votre cœur, ce que vous avez comme désir ardent et comment faire pour contourner ses pièges mesquins.

Si vous êtes prête, dites à haute voix « je suis prête » (dites-le mentalement si vous n'êtes pas seule, en ce moment précis). De cette manière, vous vous engagez physiquement à expérimenter ce qui va suivre.

Les pensées claires

Que signifie « avoir les pensées claires », avoir une tête alignée sur son objectif ?

C'est la loi du succès numéro 1 de Napoleon Hill : un but déterminé.

Nous allons l'appliquer aujourd'hui à votre argent. Pour réellement faire table rase et regarder votre objectif et ce qui se passe concrètement dans votre entreprise, nous allons ensemble passer en revue ce qui s'est déroulé le mois dernier.

Une fois que vous avez visualisé ce qu'il s'est passé depuis un mois jusqu'à aujourd'hui, remontons un peu plus loin : qu'est-ce qu'il s'est passé depuis trois mois ?

Pour bien vous projeter vers l'avenir, il est important que vous sachiez vous rendre compte de ce qu'il s'est passé il y a cinq minutes, une semaine ou un mois, car :

- je tire mes leçons du passé ;
- j'observe le présent ;
- j'anticipe mes expériences futures.

J'entends des filles qui me disent « je veux gagner un million d'euros », « je veux gagner ceci, je veux gagner cela », « quand j'aurai ceci », « quand j'aurai une grande entreprise », « quand j'aurai dix clients, je ferai ceci », « quand j'aurai gagné 500 000 euros, j'embaucherai mon premier coach »...

Voici le piège de l'ego, dans lequel je suis moi aussi tombée, à maintes reprises. On projette son but déterminé en le fixant si loin dans le futur qu'il s'éloigne de soi-même. Pourtant, la seule façon de créer votre avenir, c'est de le vivre dans le moment présent et l'avoir avec vous à tout moment.

Vous devez ancrer cet objectif dans le maintenant. Ce n'est pas dans deux ans, cinq ans, dix ans, c'est maintenant. Parce que tous les buts partent d'un projet unique qui se réalise en faisant la première action maintenant.

Si vos projets se multiplient, votre énergie se divise.

Si vous n'avez pas réussi à gagner 100 000 euros durant les six derniers mois, cela va être difficile de faire un million dans les six prochains mois. Pour accomplir votre objectif, il y a des paliers à franchir.

Si vous avez déjà dépassé les 10 000 ou les 20 000 euros par mois, fixez votre prochain palier selon votre intuition en tenant compte de votre modèle actuel. Cela dépend de votre cas, fixez-le selon votre situation, adaptez les chiffres à votre cas précis.

Prenez la version de vous-même qui vous excite dans le futur. Si vous êtes déjà, par exemple, à 5 000 euros par mois, la version qui vous excite, c'est peut-être le prochain palier qui fait un peu peur mais qui vous permet de vous dire mentalement : « Si je me dépasse un peu, je peux l'atteindre. » Donc choisissez, par exemple, 7 000 euros, ou toute autre version de vous-même qui vous excite suffisamment.

L'esprit fonctionne bien souvent en faisant référence au passé. Regardez quelque chose qui est adapté pour vous. Prenez cette somme qui vous excite ou un accomplissement concret qui vous met en joie par le seul fait d'y penser. Nous allons faire ensemble du « stretching mental », en modifiant un peu votre modèle actuel, sans tomber dans le fantasme. Exemple, vous gagnez 150 000 euros par an, tomber dans le fantasme serait de penser que vous allez passer de 150 000 euros par an à 5 millions dans l'année qui vient. Est-ce possible et réalisable, concrètement, dans votre modèle actuel ?

Dans l'absolu, tout est possible, mais il est également possible que la tension que cela génère dans votre corps et votre esprit soit au-delà de ce que votre système peut supporter actuellement. Pourquoi choisir un but, si vous savez pertinemment que vous n'arriverez pas à l'atteindre ?

Nous allons regarder quelles sont les étapes, quelles sont les parties de votre esprit, de votre cœur, à travailler pour y arriver. Faites votre petit stretching mental et marquez jusqu'où vous avez réussi à vous étirer. Marquez maintenant votre chiffre. C'est quelque chose que vous savez que vous pouvez réaliser si vous passez à l'action. Nous allons regarder ensemble comment le faire. La première chose, c'est de faire le point aujourd'hui.

Où en êtes-vous de la création de votre richesse ?

Quelle est votre intention profonde ?

Quelle est la différence entre un but et une intention ?

Méditez ces trois questions avant de lire la suite pour représenter ce que ces mots signifient pour vous et vos réponses intérieures, car tout est déjà là, en vous.

L'intention qui est derrière, c'est ce petit truc qui va mettre de la couleur sur votre but, c'est elle qui va supporter une partie de cette tension et tout ce que vous allez mettre en œuvre pour propulser ce but dans l'univers, dans votre vie, dans votre création.

Le but est avant tout un prétexte, une raison rationnelle d'orienter votre intention, cette énergie magnifique vers une direction précise. Chacun possède en soi cette magnifique énergie, et lorsque vous avez un but, cette énergie peut alors s'exprimer pour réaliser ce que vous avez décidé.

Quand vous prenez cette responsabilité, quand vous acceptez cette vérité de l'Univers, vous vous rapprochez de votre vérité, de qui vous êtes vraiment ; vous pouvez voir clairement où vous en êtes et vous avez plus de puissance pour changer, pour créer quelque chose de magnifique et différent dans le futur, vous vous dites quelque-chose comme : « J'en suis là maintenant, c'est là-bas que je veux aller. »

Car c'est seulement dans le moment présent que vous avez le contrôle sur vos pensées.

Les pensées sont des faits qui n'existent que dans le moment présent. Cela veut dire que tout ce qui est dans le passé ou dans le futur est hors de votre portée. La seule chose qui existe, c'est ce que vous êtes en train de créer dans le présent.

Un jour, lorsque je recevais en coaching une des personnes qui suivaient la formation des lois du succès de Napoleon Hill « La richesse est en vous », j'ai réécouté la conférence de la loi numéro 17, « La force cosmique de l'habitude ».

En faisant la liste de mes habitudes de succès, j'ai finalement compris que la manifestation concrète de mes habitudes m'avait amenée à ma réalité actuelle ; cette prise de conscience simple en était la conclusion : « C'est exactement cela ce que je veux. »

C'est à partir de ce moment-là que vous avez conscience que vous commencez à créer dans la bonne direction. Vous seule pouvez aboutir à cette prise de conscience de ce que vous voulez réellement créer, personne d'autre ne le fera à votre place. C'est cela, prendre la responsabilité de votre vie et de cette magnifique entreprise que vous voulez créer, ce merveilleux service que vous voulez rendre au monde. Je suis sûre que vous avez plein de magnifiques idées et de magnifiques choses que vous voulez créer et réaliser.

Une raison pour l'argent

L'argent a besoin de savoir où il est censé aller.

La raison est vraiment dans votre intention originale de création, c'est le point de départ de toutes vos réalisations.

Une raison pour l'argent, c'est de vous dire, par exemple, ces 3 000 euros par mois supplémentaires que vous voulez créer, comment voulez-vous les utiliser ?

L'argent fonctionne un peu comme un arbre fruitier : si vous ne ramassez pas les fruits que vous donne un abricotier et que vous les laissez pourrir sur l'arbre puis tomber, ce dernier aura tendance à moins donner de fruits, les années suivantes.

Votre « flux d'abondance financière » fonctionne de la même manière, votre « arbre à billets » personnel ne donnera de l'argent que si vous daignez respecter les lois de la nature ; semez votre abondance personnelle en décidant d'utiliser l'argent pour une raison précise, cueillez cet argent quand il est mûr en l'utilisant comme vous l'avez prévu.

Il est important que votre esprit sache exactement où va aller cet argent pour qu'il puisse avoir une raison de le créer. Pourquoi avez-vous vraiment besoin de cet argent ? Pourriez-vous l'expliquer à un enfant de 5 ans ou à l'un de vos neveux d'un âge comparable ?

C'est très simple : soit vous prenez le contrôle de l'argent, soit c'est lui qui vous contrôle ; je ne suis pas sûre que vous accepteriez si facilement de vous laisser contrôler par un abricotier. Nous allons également étudier comment prendre le contrôle de vos finances sans les laisser vous contrôler.

Nous allons voir ensemble quelles sont les actions que vous pouvez mener tous les jours pour bien saisir les rênes de votre abondance et devenir ce créateur, cette créatrice consciente qui peut matérialiser et utiliser les lois du succès dans ses affaires, ses finances et son entreprise.

Quand vous savez ce qui se passe dans votre vie, par rapport à votre argent, que vous savez quelle est votre situation, jusqu'où vous pouvez vous étirer mentalement et que vous êtes prêt à agir, l'ego arrive et commence à vous parler. Il va vous dire des petits mots, des petites choses qui vont essayer de vous empêcher de passer à l'action.

Exercice

Quand vous pensez à l'argent, vous pensez à quoi exactement ?

Quelle est la première chose qui vous vient à l'esprit quand vous pensez à l'argent ?

Qu'est-ce que vous pensez quand vous parlez d'argent, quand d'autres personnes vous parlent d'argent, quand vous entendez que les autres ont gagné de l'argent, quand vous entendez parler de l'argent dans votre famille ?

Écrivez les réponses sur une feuille ou dans votre carnet.

Voici des exemples de réponses possibles à cette question :

« Les raisons de l'argent : liberté, sécurité, création, association pour changer certaines choses dans les mentalités. » Génial !

« Liberté. » « Voyage. » « Sécurité. »

« Manque actuellement. Quand les autres en gagnent, je pense fantasme. »

« Ami fidèle. » « Liberté pour ma famille, pour le garder à tout prix. »

« Manque, peur. » « Plaisir, voyage, luxe, joie, douleur. »

« Quand je gagne, je pense possible. »

« J'ai peur, mais moi aussi j'en veux. »

« Liberté. » « Amour. »

« Je pense et je me dis que ceux qui ont de l'argent ont beaucoup de chance. » « Difficile de fidéliser l'argent pour ne pas manquer. »

« Liberté, sécurité, partage, ouverture. »

« Plus de choix à avoir pour le partager. »

Deuxième étape : remplacez votre nom là où vous avez mis « argent ». Regardez cette phrase.

Exemple : argent = sécurité pour moi.

Si vous avez mis « amour », cela veut dire que vous aimez l'argent. C'est votre inconscient qui parle, là.

Avec la parole qui est créatrice, vous pouvez refaire votre schéma financier personnel.

Si c'est la liberté, cela veut dire que l'argent représente pour vous la liberté. Si vous avez choisi un autre mot, cela veut dire que c'est de là que viennent la plupart de vos résistances. « J'ai besoin de lutter pour considérer que l'argent peut être créé facilement. »

Il y a plein de gens qui ont plein de relations différentes avec l'argent. Le fait d'ouvrir votre conscience à ce fait vous ouvre les portes de nouvelles possibilités.

Sachez que ces mots que vous avez choisis, vous ne les avez pas choisis par hasard, tout comme ces lignes ont choisi d'être lues par vos yeux. Il est temps de faire fructifier votre savoir, d'accomplir ce que vous voulez retirer de votre expérience, maîtriser l'argent n'est qu'une étape vers cette belle entreprise.

Les 15 trucs mesquins que votre ego peut faire et qui vous empêchent de gagner de l'argent

La relation entre argent et ego est très forte, car l'argent représente une forme de sécurité. Et l'ego adore la sécurité.

Parfois, pour vous protéger, l'ego tente de vous faire dévier de ce que vous voulez, en utilisant des petits tours de passe-passe.

C'est problématique, car à ce moment là, c'est lui qui prend le contrôle de votre esprit et il sabote vos décisions, sous prétexte de l'urgence, en vous empêchant de faire ce que vous voulez vraiment.

Pour exemple, voici ce que trois participantes ont écrit :

« Un certain confort, faire plaisir aux autres sans s'écouter. » (Gaëlle)

« Je n'avais pas fait assez d'études. » (Sandra)

« J'ai réussi à dépasser la mesquinerie de juger ceux qui en ont, cela m'a déjà beaucoup aidée. » (Viviane)

À vous maintenant !

1/ Accuser les autres
C'est à cause du gouvernement, c'est à cause de ma grand-mère, c'est à cause de la situation économique…
Accusez les riches ou les pauvres, car ils ont trop d'argent ou ils n'en ont pas assez.
« Eux, ils ont de la chance, pas moi, eux ils peuvent le faire. La situation économique n'est pas favorable. »
C'est facile d'accuser le passé car on ne peut pas le changer ; c'est un coupable idéal qui ne pourra jamais plaider sa cause.

2/ Nier
Que niez-vous, par rapport à l'argent ?
« Il n'y a pas de problème, tout est impeccable. Je suis tellement à fond dans le développement personnel, que tout est parfait, je suis une personne spirituelle, je n'ai pas besoin d'avoir d'argent, je suis au-dessus de tout ça. »
« Les personnes spirituelles ne devrait pas s'y intéresser. La matière n'existe pas, le temps et l'argent non plus. Je ne vois pas l'intérêt d'en parler. »
Ce genre de déclarations absolues est capable de vous dissocier de ce qui se passe réellement, il suffit parfois de faire un petit pas de côté pour se laisser dériver.
J'entends souvent cette déclaration : « Le temps n'existe pas. » Je me dis en moi-même *si le temps et l'argent existent pour le reste de l'humanité mais pas pour moi, comment pourrais-je vivre et échanger avec le reste de l'humanité ? C'est le comble de la solitude !*

3/ Reporter la responsabilité
« Je ne suis pas responsable, c'est sa faute. »
C'est très proche de l'accusation, on déplace le centre du « je » sans se remettre en cause. Cela veut dire que vous déportez les responsabilités ailleurs ou que vous les filtrez selon ce qui vous arrange. Certaines personnes mettent un voile sur la réalité en acceptant uniquement d'être responsables des événements posi-

tifs qui leur arrivent ; de ce fait, ils passent à côté des merveilles qui les attendent dans les problèmes qu'ils seraient pourtant capables de résoudre, des choses qui les feraient grandir.

Vous êtes responsable de votre perception des événements et de comment vous y répondez.

Exemple : « Je ne viens pas d'une famille riche. Je ne peux pas entreprendre. Je suis trop jeune pour gagner de l'argent. Je suis trop vieux. J'ai des enfants. J'habite dans une grande ville, je ne peux pas, je n'ai pas de temps. J'habite à la campagne, je ne connais personne. Etc. »

4/ *Être fier*
Trop de fierté peut vous empêcher de faire de l'argent. « Je suis fière de ce que je fais (mon statut social, je viens d'une famille où…), donc je ne peux pas gagner de l'argent. »

Un « statut », ça n'existe tout simplement pas, rien n'est immobile, dans l'univers, ce qui semble statique ne l'est qu'en apparence.

5/ *Avoir peur*
« J'ai peur de faire de l'argent. J'ai peur de l'argent. Que se passe-t-il si j'en fais trop ? Que se passe-t-il si je n'en fais pas assez ? Qu'est-ce que les autres vont penser de moi si j'en fais trop ? Ils risquent de ne plus me reconnaître. »

Si jamais il y a quelque chose qui vous parle, marquez-le dans votre cahier ou répondez tout simplement à la question : pourquoi l'argent vous fait-il peur ?

6/ *Rester dans le confort*
« Je suis assez dans le confort. J'ai déjà fait mes 5 000 euros, mes 50 000 euros par mois, etc. Je n'ai pas besoin de plus. Pourquoi je m'embêterais à en faire plus ? »

7/ *Se comparer aux autres*
« Lui, il en a plus que moi. Je ne me sens pas bien à cause de ça. »

« Lui, il en a moins, comment peut-on vivre dans ces conditions ? »

Avez-vous tendance à vous comparer aux autres ?

8/ Être dans le paradoxe de l'érudit
Présent chez les coachs, les conférenciers ou les experts, ces personnes qui ont acquis beaucoup d'informations précieuses sur un sujet précis, l'ego peut encore une fois poser un voile sur la vérité en leur faisant croire qu'elles n'ont plus rien à apprendre.
Est-ce votre cas ?
Cette phrase de Eric Hoffer citée par Bob Proctor illustre très bien ce propos : « Quand les temps sont au changement, ce sont les apprenants qui héritent du monde ; au même moment, les érudits se retrouvent eux-mêmes joliment équipés pour faire face à un monde qui n'existe plus. »

9/ Juger
« Je juge ceux qui ont de l'argent et je juge aussi ceux qui n'en ont pas. »
Cela peut être un truc mesquin de l'ego qui vous empêche d'avoir un juste recul sur vos finances. Pensez-vous qu'un écureuil vaudrait mieux qu'un autre parce qu'il a plus de noisettes ?

10/ Se justifier
« Je n'ai pas d'argent parce que je suis née dans une famille pauvre, donc je ne peux pas en avoir beaucoup, personne ne m'a appris comment faire. »
« Ma famille est très riche, donc je n'ai pas besoin de me préoccuper de l'argent. »

11/ Se trouver des excuses
Vous trouvez des excuses pour éviter de parler d'argent, sous prétexte que c'est un sujet tabou, ou bien vous rationalisez le fait d'éviter ce sujet car d'autres sujets sont plus importants. Au final, vous cherchez sans cesse des excuses pour mieux fuir le sujet.

12/ Faire plaisir aux autres sans jamais s'écouter soi-même
« Est-ce qu'avec mon argent je fais plaisir aux autres ? »
« Je ne me fais pas assez plaisir. »
« Je ne m'écoute pas quand je traite un sujet concernant

l'argent. »

« Est-ce que je le disperse ? »

Etc.

On fait plaisir aux autres mais pas à soi-même. On manque d'écouter son intuition à ce sujet.

13/ Se plaindre

Votre ego vous empêche-t-il de gagner de l'argent parce que vous vous plaignez sans cesse au sujet de l'argent ? Si l'argent est synonyme de douleur, pensez-vous sérieusement que votre ego va vous aider à en obtenir davantage, alors que son rôle principal est de vous protéger d'un danger ?

14/ Être jaloux

Être jaloux, soit de la réussite, soit de l'argent des autres.

« Alors ça y est, Monsieur a eu une promotion et il se sent obligé d'en informer tout le quartier. Jamais je ne me permettrais d'être aussi arrogant. »

« C'est une personne comme ceci, comme cela, et moi je ne suis pas à sa place. »

Les critiques d'autrui cachent bien souvent la jalousie.

15/ Être timide

Votre ego vous dit que vous devriez être timide, et vous êtes timide avec votre argent. Cela veut dire que vous ne prenez pas le contrôle de ce que vous avez.

« On a peur de ne pas générer la réussite. »

« Est-ce qu'on peut être timide avec l'argent ? »

Oui, on peut être timide avec l'argent. Cela veut dire qu'on a une relation du genre « cela ne m'appartient pas », une espèce de timidité fausse, et qu'on se dit « c'est quelqu'un d'autre qui devrait s'en occuper ». C'est ce qu'on appelle la timidité.

Si vous vous comportez avec l'argent comme durant votre tout premier rendez-vous galant, vous ne risquez pas d'être très entreprenant. La timidité est un mécanisme de rétention des émotions qui bride la capacité à agir, face à une situation stressante qui peut se conclure en événement désagréable.

Voilà quelques-uns des pièges mesquins que votre ego peut utiliser pour vous empêcher de gagner davantage d'argent, voire d'essayer de le gérer. Si l'un des ces éléments vous parle particulièrement, accueillez cette prise de conscience avec le cœur et l'esprit ouvert, avec votre sensibilité. Enveloppez-vous d'amour et pardonnez ces schémas qui ne viennent pas forcément de vous.

Regarder cette liste et regardez lequel de ces pièges peut créer des résistances s'opposant à votre liberté financière, celui ou ceux que votre ego déclenche pour vous empêcher d'acquérir le montant que vous vous êtes fixé comme objectif.

« Tout ce que votre esprit peut concevoir et croire, vous pouvez le réaliser. » (Napoleon Hill)

Il y a cette chose énorme que vous voulez réaliser et que votre tête bloque. C'est le mental. Il vous met des bâtons dans les roues.

Soyez honnête avec vous-même, lorsque vous prenez conscience de tout ce que vous avez accompli et de ce qui reste à accomplir. « J'en suis là et j'ai envie de changer. J'ai envie d'avoir une autre vie. J'ai envie de faire les choses différemment. » C'est là que tout va changer beaucoup plus vite.

Vous allez également définir le prochain montant qui vous excite. Vous allez regarder quels sont les pièges de votre ego qui vous empêchent aujourd'hui de l'obtenir. Surveillez bien vos intentions, vos paroles et vos pensées, en rapport avec ce que vous voulez réaliser. C'est ça qui va créer votre futur.

Voici ce que j'ai écrit le 8 février 2017 dans mon cahier de réalisations :

- je veux faire des événements depuis la maison (j'étais en train de créer toutes mes formations à la maison.) ;
- je veux faire des live (je fais des live tous les vendredis, à 18 heures.) ;
- je veux concevoir de nouveaux revenus passifs (je me sens puissante par rapport à cela.) ;
- je sens que je peux y arriver ;
- je me sens épanouie, je me sens privilégiée ;
- j'attire de belles personnes, j'attire des femmes spirituelles

et inspirantes.

Voici quelques réponses à des questions ou remarques récurrentes auxquelles je suis confrontée.

1/ « *Quelle est la différence entre un but et une intention ?* »
Plusieurs personnes peuvent avoir le même but, alors qu'une intention est unique, c'est ce qui va mettre de la couleur et de l'énergie sur un but précis. C'est cette vibration posée dans chaque action qui vous rapproche de ce but qui rallume jour après jour le feu de votre désir ardent.

2/ « *On ne gagne jamais trop d'argent, on peut toujours en donner.* »
C'est exactement cela. On peut toujours passer à un autre palier financier et donner de l'argent pour la charité, c'est le pouvoir de la contribution.

3/ « *Comment transformer ces croyances qu'il faut plus de diplômes pour gagner plus, briser d'autres plafonds de verre et gagner plus que ses parents ?* »

Cette croyance qu'il faut avoir beaucoup plus de diplômes pour gagner plus d'argent revient souvent. Je vous invite à regarder des personnes qui sont dans les mêmes domaines que vous, qui n'ont pas de diplômes et qui ont pourtant dépassé les paliers qui vous semblent hors de portée.
« Est-ce que je peux le faire moi aussi ? »
La réponse est oui, vous pouvez le faire également. Vous avez besoin de compétences, mais ce n'est pas pour autant que vous avez besoin de diplômes. Diplômes et compétences ne sont pas les mêmes choses.

Dites oui à l'argent et au bonheur

Je vous invite à dire oui.
La richesse intérieure, l'argent, vous pouvez dire oui à tout ça, à votre définition du bonheur.

Mettez cette intention que vous allez découvrir vos richesses parce qu'elles sont déjà là en vous.

« Oui à l'argent, à la joie et au bonheur. » Exactement !

Écrivez-vous une petite phrase de ce que vous avez retiré de ce qui précède.

Écrivez-là dans votre cahier, ce n'est qu'un début, l'aventure pour manifester l'argent dans votre business ne fait que commencer !

STÉPHANIE MILOT
Quand on y croit, on peut y arriver !
Devenez indépendante financièrement
grâce à l'immobilier.

Mon père était un homme très économe. Toute ma jeunesse, il m'a répété : « On ne dépense pas ce que l'on n'a pas. » Aujourd'hui, il a 77 ans. Il n'avait pas de carte de crédit. Mes parents n'ont pas acheté de maison à eux avant que mon père ne reçoive un héritage de ma grand-mère. Là, il a acheté la maison sans hypothèque, parce qu'il voulait la payer comptant. Il achetait toujours ses voitures au comptant. À côté de cela, il m'a inculqué l'économie. Ainsi, à l'âge de 16 ans, j'ai commencé à investir dans mes premiers bons du Canada. Et puis mon père a commencé à me dire, dès le jour où j'ai eu 16 ans : « Il faut que tu penses à avoir un job. » Parallèlement, ma mère était femme à la maison et ne travaillait pas à l'extérieur. Elle s'occupait de moi. Je suis enfant unique.

Mais lorsque j'ai vu que mon père ne voulait pas que ma mère conduise la voiture et que, quand elle devait aller chercher sa sœur, il fallait qu'elle demande la permission à mon père, moi, cela me faisait me dire *jamais*. Je voulais être une femme indépendante.

Et cela a forgé mes lectures. Je me disais *moi, je veux l'indépendance financière. Moi, je ne voudrais jamais dépendre de mon mari.* À 18 ans, j'ai commencé à lire le livre *Réfléchissez et devenez riche*, de Napoleon Hill. Ensuite, Anthony Robbins. J'ai lu plein de livres sur l'abondance financière et sur la loi de l'attraction. À l'époque, on parlait de programmer notre subconscient. Je continuais à me dire *moi, je vais avoir cette indépendance financière-là et je vais le faire seule. Je ne compterai pas sur quelqu'un pour y arriver. Je vais toujours pouvoir m'organiser.*

À l'âge de 22 ans, j'ai commencé à m'intéresser à l'immobilier. Là, je me suis rendu compte que ce que mon père me disait sur le fait de ne pas acheter sans avoir l'argent, en immobilier, pour être propriétaire, ce n'est pas possible. C'est complètement irréaliste. J'ai appris, à l'époque, qu'il y a de bonnes et de mauvaises dettes. Dès le moment où j'ai compris qu'une bonne dette pouvait être d'avoir une hypothèque avec des locataires qui payent l'hypothèque, cela a changé beaucoup de choses pour moi.

Mon père n'était pas en faveur de mon investissement dans l'immobilier parce qu'il projetait ses craintes et ses peurs sur moi. Mais moi, j'avais une tête de cochon. Heureusement, j'ai investi. Je n'ai pas écouté tous les conseils de mon père. J'en ai écouté beaucoup : j'ai appris à être économe, à mettre des sous de côté, mais en même temps, j'ai pu faire la distinction entre ce qui est une bonne et une mauvaise dette, parce que j'ai appris comment développer l'intelligence financière.

Aujourd'hui, j'ai un petit garçon de 9 ans et je lui inculque déjà cela. Si on demande à mon fils « Qu'est-ce qu'un actif ? Qu'est-ce qu'un passif ? Comment se faire de l'argent facile ? », du haut de ses 9 ans, il répond. Pour moi, c'est important de lui enseigner cela, la valeur de l'argent, la distinction entre être un employé et partir à son compte. À 9 ans, il me dit : « Moi, maman, je veux avoir mon entreprise, plus tard. » Il veut être investisseur. Il veut avoir son entreprise.

Je me rends compte que nous avons chacun.e eu une enfance qui nous a offert certains enseignements et qu'à l'âge adulte nous nous rendons compte que certains de ces enseignements ne nous aident pas. Par exemple, au Québec, on a une expression qui dit : « Je suis né pour un petit pain. » Cela veut dire qu'on ne pourra pas faire de grandes choses. Je n'ai pas du tout envie de croire cela. Beaucoup de Québécois ont eu cette éducation. Heureusement, mes lectures m'ont menée ailleurs et m'ont amenée à me défaire de certaines croyances comme « l'argent ne pousse pas dans les arbres, c'est dur de gagner de l'argent ». Quand j'étais toute petite, ma mère me disait : « Stéphanie, tout ce que tu touches, tu le réussis. » Quand j'ai commencé à faire des sous, elle me disait : « Stéphanie, tout ce que tu touches, cela tourne en or. » Cela a été très aidant pour moi. Ma mère a 75 ans. Elle, il a fallu qu'elle quitte l'école pour aider ses parents financièrement. Il fallait qu'elle aille travailler. Et ensuite, c'était : « Fais des enfants. Trouve-toi un bon mari et puis reste là toute ta vie. »

Ce qui est drôle, c'est que quand le papa de ma mère, mon grand-père, est décédé, nous sommes allés vider son appartement, et j'y ai trouvé des livres de Napoleon Hill. Je me suis dit *waouh ! Mon grand-père, qui aujourd'hui, aurait plus de 100 ans, s'intéressait déjà à ces livres déjà.* Ce ne sont pas des livres récents. Ils ont été écrits dans les années 1920 ou 1930. C'est fantastique. Donc, je les ai récupérés.

Bref, j'étais enfant unique, et mes parents croyaient beaucoup en moi. Ils m'encourageaient. Je performais bien à l'école. Je performais bien dans le sport. J'ai eu cette chance. En même temps, mon père avait beaucoup de craintes, par rapport à l'argent, et des croyances : « Il faut mettre des sous de côté. Il faut penser à nos vieux jours. » J'ai pris le meilleur de ses croyances, de celles de ma mère et de tous les livres que j'ai lus aussi, qui ont forgé mes croyances d'aujourd'hui par rapport à l'argent.

Pourquoi l'immobilier ?

J'étais étudiante à l'École des hautes études commerciales de l'université de Montréal, en administration. J'étudiais le marketing et je me rappellerai comme si c'était hier du jour où un de mes enseignants a dit : « Si vous voulez atteindre l'indépendance financière, investissez dans l'immobilier ou partez en affaires. » J'avais 22 ans, et ces mots ne sont pas tombés dans l'oreille d'une sourde. Le mois qui a suivi, j'ai commencé à regarder les immeubles à vendre. Un soir, je suis allée souper chez des amis à Montréal. Je suis passée devant une propriété de trois appartements. Il y avait une pancarte « À vendre ». J'ai fait une offre d'achat. J'avais 22 ans. J'étais étudiante, mais grâce à mon papa, j'avais économisé beaucoup en gardant des enfants. Après cela, j'avais eu des emplois à temps partiel, avec mes études. Donc j'avais ramassé de beaux sous. J'ai fait une offre d'achat sur ces trois appartements. Aujourd'hui, je détiens toujours cet immeuble. Ce fut ma première acquisition et le début d'une longue suite d'acquisitions. Aujourd'hui, j'ai 97 appartements. Une dizaine d'années plus tard, j'ai lu le livre de Robert Kiyosaki *Père riche, père pauvre*, qui fut un vrai déclic. Je me suis dit *O.K., je peux être employée toute ma vie ou je peux être investisseur et propriétaire d'entreprise.* Là, j'ai compris l'effet de levier : comment refinancer des propriétés et en acheter d'autres.

Toute ma vie, j'ai eu peur de manquer

J'ai été très privilégiée parce que, très tôt, j'ai commencé à enseigner au HEC après avoir fait des études. J'ai enseigné aussi dans des écoles traditionnelles. Aujourd'hui, je constate que ce que je fais, c'est aussi de l'enseignement. Je me considère comme une enseignante. Qu'on le fasse sur le Web, via des conférences ou même dans nos livres, nous enseignons. J'ai trouvé ce créneau, jeune dans ma vie.

Je suis privilégiée, et en même temps, toute ma vie, j'ai eu peur de manquer d'argent, et jusqu'à récemment. Encore aujourd'hui. Quand on a acheté notre propriété, il y a quelques mois, j'ai eu des angoisses et de l'anxiété parce que nous achetions un gros bâtiment. Nous devions débourser beaucoup d'argent. J'ai toujours entretenu la pensée *est-ce que je vais y arriver ?* Chaque fois que j'ai acheté de plus gros immeubles, j'ai toujours ressenti ces petites craintes. Il y a toujours cette dualité à l'intérieur de moi, parce que je sais très bien, avec la loi de l'attraction, que tant que je suis dans ces craintes, je ne suis pas en train d'attirer l'abondance.

Aussi, je me suis créé des méthodes et des stratégies pour les diminuer. Quand l'anxiété monte, je sais où aller voir. J'ai une feuille, dans ma salle de bains, avec mes hypothèques. Quand cela va être payé, j'aurai plusieurs millions de dollars, sans compter la plus-value que je vais faire chaque année. Cela m'aide à me recadrer et à me calmer.

Ce fut l'histoire de ma vie, et à un moment donné, je me suis dit *mais quand est-ce que cela va arrêter ?* Je ne pense pas que je vais manquer d'argent, et en même temps, il y a cette crainte, que j'arrive de plus en plus à faire taire. N'importe qui me dirait : « Tu es tombée sur la tête. Si toi tu manques d'argent, on va tous en manquer. » Mais c'est plus fort que moi. Je pense que ce n'est pas tant une question de montant qu'une question de personnalité, parce que je connais des gens qui ont un salaire très ordinaire et qui n'ont aucunement la peur de manquer d'argent.

Quand j'ai connu mon mari, il m'a beaucoup aidée. Il est l'inverse de moi. Il me dit : « Je sais que je vais toujours faire de l'argent. Quand il n'y en aura plus, il y en aura d'autre. » Et lui, il vit vraiment. Ce n'est pas un économe. Oh, mon Dieu ! Il dépense ce qu'il y a et n'est pas stressé. Il n'a jamais manqué d'argent, effectivement. Il m'a beaucoup aidée, de ce côté-là.

Une femme en affaires, c'est plus difficile ?

Quand j'ai écrit mon premier livre, je me rappellerai toujours, l'éditeur m'avait dit : « Oh, tu es blonde et tu es une femme, alors cela risque d'être plus difficile. » Moi, je n'ai jamais cru cela. Cette croyance-là est stupide. Heureusement que je ne l'ai pas cru. Je n'ai jamais pensé que, parce que j'étais une femme, cela allait être difficile. Au contraire, j'ai toujours cru qu'être une femme est plus facile. Donc, cela m'a aidée et cela a guidé ma vie. J'ai eu d'autres croyance à travailler, mais pas celle-là.

Un exemple de croyance difficile pour moi n'est pas par rapport à l'argent mais au fait de voir mes parents vieillir. J'ai deux modèles très différents : mes parents et ma belle-maman, la mère de mon mari. Ma belle-mère a 77 ans. C'est une femme enjouée, positive, énergique, qui a plus d'énergie que moi. C'est incroyable. Je la regarde et je me dis *waouh ! Je veux vieillir comme cela*. Et de l'autre côté, je regarde mes parents, qui sont en bonne santé mais qui n'ont pas la même énergie, la même vitalité.

Je suis de plus en plus consciente qu'il est important de faire attention à la manière dont nous abordons le fait de vieillir. Je veux m'entourer de modèles. Je dis toujours en conférence : « Va chercher des exemples de personnes à qui tu veux ressembler, au niveau financier, au niveau de ton apparence, au niveau de ta perception de ce que c'est que vieillir. » Je ne veux pas penser que c'est dur de vieillir, que c'est n'est pas drôle. Alors je regarde ce que ma belle-maman sait faire.

Par rapport aux croyances liées à l'argent, j'en ai eu, mais je suis tellement consciente qu'il faut être aux aguets de ce que l'on croit, que souvent, quand je me rends compte que j'en ai encore une, je me dis : « Ah, ça, c'est une croyance qui ne m'aide pas nécessairement, je vais la transformer. »

Mes révélations de femme d'affaires prospère

1/ Côtoyez des gens qui sont là où vous voulez être.
J'ai vécu des moments forts. En immobilier, j'ai acheté mon premier immeuble, puis cela m'a pris des années avant d'acheter le suivant, qui était un immeuble plus gros. Et j'ai réalisé une chose : à chaque fois que j'ai fait une nouvelle acquisition, c'est parce que j'avais commencé à côtoyer des gens qui étaient rendus là.

C'est la même chose dans ma vie, en général. Quand je veux quelque chose, je vais me chercher des exemples de personnes qui ont réussi dans ce que je veux obtenir. Ainsi, dans mon business sur Internet, j'essaie le plus possible de me coller à des partenaires ou à des gens qui vont m'aider et qui sont déjà rendus là. Mes partenaires actuels, avec qui je fais des lancements sur Facebook, sont des personnes qui ont énormément de succès. Nous avons une entente gagnant-gagnant, et elles me permettent de croire que c'est possible de faire des lancements à 2 ou 3 millions de dollars.

Il y a une expression qui dit : « Si tu veux t'envoler comme un aigle, ne t'entoure pas de dindons. » L'environnement des gens que je côtoie, c'est important.

2/ Plus j'évolue financièrement, plus je veux du beau.
Là où nous habitons maintenant, il existe des gens qui ont beaucoup plus d'argent que nous. Je le vois dans les voitures en stationnement. Quand je discute avec mon fils, je me rends compte que lui aura été éduqué dans ce genre d'environnement, alors que moi, pas du tout. Moi je viens d'une famille modeste, avec un seul revenu, celui de mon papa. On n'était pas pauvres, mais on n'était pas riches. Mon fils a une tout autre conception. Choisir son environnement, c'est le lieu dans lequel on vit aussi.

Avec le temps, j'ai appris à aimer les belles choses. J'aime faire de beaux voyages et je veux être dans l'appréciation de cela. Plus j'évolue financièrement, plus je veux du beau. Et c'est correct. Cela me permet d'en faire profiter les gens autour de moi. J'ai cette croyance que je veux faire beaucoup d'argent pour le redonner, pour être de plus en plus philanthrope. Cette croyance, je l'ai développée avec le temps. Je ne l'avais pas à 20 ans. Quand j'avais 20 ans, je voulais être indépendante financièrement parce que je voulais être libre, parce que je voulais chasser mes anxiétés et mes craintes. Aujourd'hui, l'objectif est différent.

Ma responsabilisation face à l'argent

J'étais très, très, très responsable, étant jeune. Je mettais des sous de côté. J'économisais. Et quand j'ai connu mon mari, il m'a appris l'autre côté des finances : « Profitons. » Il a raison. Il me dit toujours : « Stéphanie, tu ne sais pas si tu vas être là demain. On ne connaît pas la vie. » Alors il m'a appris à assouplir mon côté rigide : « O.K., on met des sous à la banque. On économise et on ne dépense pas trop, ou juste pour de bonnes dettes. »

Je ne me gâtais pas. Je n'étais pas une fille qui s'habillait beaucoup. Encore aujourd'hui, pour les vêtements, je ne suis pas une fille qui va dépenser beaucoup. J'ai fait le cheminement inverse de beaucoup de personnes. J'étais très responsable. Et cela m'a aidé à établir les bases de ma sécurité ou de mon indépendance financière, assez tôt dans ma vie. Mais ensuite, je pense qu'il y a d'autres enseignements aussi par rapport à l'argent. Il faut en profiter. Aujourd'hui, j'ai la croyance que quand je dépense, je fais tourner l'économie. Cela aide les gens. Cette croyance me permet de profiter un peu plus de la vie.

Quand je vois des gens qui ont 70, 75 ou 80 ans et qui n'ont jamais voyagé parce qu'ils économisaient, je me dis *mon Dieu*. Il y en a tant qui auraient aimé voyager. Certains me disent : « J'aurais aimé avoir une voiture un peu plus à mon goût. » Ils sont rendus à cet âge-là et ils gardent leur argent. Pourquoi ? Pour leurs enfants ? « Non. Profite. Profite de la vie. Profite de ton passage sur cette terre. Tu ne sais pas quand cela va s'arrêter. » Voilà quel fut mon cheminement par rapport à l'argent.

Mes décisions financières et leur impact sur mes relations

Jeune, j'ai décidé que je voulais être indépendante financièrement et seule. Puis je me suis lancée dans l'immobilier et j'ai pris la décision de développer mon parc immobilier. Et dernièrement, ma décision, c'est de profiter plus de la vie et de ma richesse.

Ma décision, aussi jeune, de vouloir être indépendante et de le faire par moi-même, a dicté les relations que j'ai eues. J'achetais *mes* immeubles. C'était *mes* affaires, et « chacun son compte en banque ». « Tu fais tes choses. Moi je fais les miennes. »

Quand j'ai rencontré mon mari, il a fallu des années avant que j'accepte de mettre nos choses en commun. C'est assez récent. Or cela fait dix-sept ans que nous sommes ensemble. Et je savais que c'était l'homme de ma vie. J'ai décidé d'avoir un enfant avec lui, et pour moi, c'était le plus grand des engagements, bien plus que de me marier. Parce qu'un mariage c'est un bout de papier. Cela se défait facilement. Un enfant, c'est autre chose. Je pense que nous nous sommes dit tous les deux : « On veut finir nos jours ensemble. On ne sait jamais l'avenir, mais on a cet engagement l'un envers l'autre. » À partir de là, j'ai pu m'ouvrir un peu plus à la mise en commun. N'oublions pas qu'il est très dépensier. Donc il n'avait pas nécessairement beaucoup de choses de côté, et moi j'avais un beau patrimoine.

Mon père me disait toujours « sois autonome », ou « ne signe jamais pour quelqu'un, n'endosse pour personne », « si quelqu'un a besoin d'argent, donne-lui ou prête-lui, en te disant que peut-être que cela ne reviendra pas. Si tu es prête à lui donner, tant mieux si cela revient ». Ces enseignements m'ont suivie toute ma vie et ont édifié la femme que je suis aujourd'hui.

J'ai pris le meilleur de ce que mon père m'a enseigné. Et j'ai pris le meilleur des ouvrages que j'ai lus et de tous les concepts de la loi de l'attraction. Aujourd'hui, j'ai beaucoup de difficultés à lire autre chose que des livres sur la loi de l'attraction, parce que je me rends compte qu'énormément d'auteurs disent des choses contraires, selon moi, à la loi de l'attraction. L'auteur qui dit qu'il faut travailler très dur pour faire beaucoup d'argent, je ne suis pas d'accord avec lui. Et je ne veux pas acheter cette idée, parce que je n'ai pas envie de croire cela. Je crois l'inverse, et cela me réussit très bien. Ce n'est pas juste que je le croie, je le vis au quotidien.

La transmission, par rapport à l'argent ou à la réussite

Ce qui a le plus dicté la femme que je suis, ce n'est pas tant ce que ma mère m'a dit mais plutôt ce que je voyais. Cette non-indépendance que je ne voyais peut-être pas autant, quand j'étais jeune. Aujourd'hui, je m'en rends compte et je me dis *je n'aurais pas pu vivre une vie comme cela.*

Mon père vieillit et fait plus de siestes. Et ma mère n'est plus très en forme. Alors je lui conseille de marcher. Mais elle me répond que c'est ennuyeux de marcher toute seule. Et je ne peux m'empêcher de lui demander : « Si papa n'est plus là demain, qu'est-ce que tu vas faire ? »

Pour moi, cette indépendance, les amitiés, c'est crucial. Bien sûr, j'ai eu mon entreprise, et ma mère, elle, était à la maison, c'était mon père qui ramenait les sous. Elle n'en gagnait pas. Ce qui fait que, moi, j'ai vu cela. Donc je n'ai jamais eu de discussion avec ma mère par rapport à l'argent. C'est plus avec mon père.

Je n'ai pas de fille, j'ai un garçon. Mais si j'avais eu une fille, c'est sûr que je l'aurais éduquée avec ma façon à moi de voir les choses. Même mon fils, parfois, je pense à son avenir et je me dis *un jour, c'est lui qui va hériter de notre parc immobilier.* Et moi, je vais le coacher sur le fait que s'il se marie, il fasse de bons papiers. « Le parc immobilier est à toi. »

Il y a eu d'autres modèles, dans ma vie, qui m'ont inspirée face à l'argent. Dans le premier emploi que j'ai eu, une femme s'appelait Danièle et fut la présidente du réseau des femmes d'affaires du Québec pendant des années. C'était une femme entrepreneure. Elle, c'était l'inverse. C'était elle qui gagnait l'argent et faisait des sous. Elle était en affaires. Son mari avait un emploi, mais il s'occupait plus des enfants. Pour moi, c'était un modèle. J'avais 17 ans, quand j'ai commencé à travailler pour elle à temps partiel, pendant que je faisais mes études. Elle était indépendante. Elle faisait ses affaires. Ce n'était pas du tout le modèle que j'avais à la maison et j'aspirais à cela.

Grâce à ma mère, j'ai su ce que je ne voulais pas, et grâce à mes modèles, j'ai pu mieux savoir ce que je voulais

Toutes mes amies suivaient le modèle de la maman à la maison et du papa qui rapporte les sous.

Ma vie aujourd'hui

Aujourd'hui, j'aime la liberté que l'abondance financière nous amène. Je dis souvent que je peux choisir les gens avec qui je travaille. Je peux choisir les mandats sur lesquels je travaille. Je peux choisir quand je prends mes vacances. Je peux choisir le moment où j'ai envie de travailler et celui où j'en ai moins envie. Je peux passer beaucoup de temps avec ma famille. Et c'est ce que j'aime de ma vie. Je suis dans une période de ma vie où tout est merveilleux, dans le sens où j'ai du plaisir dans mon travail. J'ai du plaisir dans la maison de mes rêves.

Nous habitons sur une île. L'immeuble est au bord de l'eau. Nous passions en bateau et je disais à mon mari : « Un jour, on va vivre sur cette île-là. » Cela fait dix-sept ans. Je voyais les immeubles qui avaient une vingtaine d'années. Un jour – je m'en souviendrai toujours –, je suis venue faire mon jogging, un matin, comme d'habitude, et j'ai vu le bureau des ventes du bâtiment qui était en train de se construire. Je suis revenue chez nous, j'en avais des frissons. J'ai dit à mon mari : « Ça y est. Je sais où on s'en va. »

Cette même journée, je suis partie en kayak – on habitait à un kilomètre d'ici – et je suis venue voir l'endroit. Il y avait juste la première dalle. Et j'ai dit : « C'est là que l'on va vivre. » Je suis venue tous les jours, durant deux années. On était sur une liste d'attente. Je venais le matin. Je venais en fin de journée. Je voulais voir le soleil. Je venais en jogging. Je venais en camion. Je venais en kayak. La personne au bureau des ventes a dû se dire *non, mais elle est complètement détraquée, cette fille. Elle a vraiment un problème.*

J'allais au bureau des ventes. J'allais voir le modèle. J'avais demandé les plans. Je m'y voyais. Ce n'était pas encore concrétisé et c'était dispendieux. C'était un fameux pas, qui m'a apporté plusieurs nuits d'angoisses, et aujourd'hui, ça va. On est contents.

Cela va super bien. Je me dis *waouh !* Je l'ai tellement voulu et je l'apprécie tous les jours de la vie.

Mes valeurs

Je suis contente d'être là où je suis dans ma vie. Je suis dans la gratitude. J'ai beaucoup de temps pour moi, et c'est cela que l'abondance financière nous apporte : pouvoir faire des choix. Moi, je n'ai jamais été une personne qui travaillait dix-huit heures par jour. Ce n'est pas mon modèle. Ce n'est pas ce que je veux. Cela ne l'a jamais été, et cela ne le sera jamais. Ce ne sont pas mes valeurs. Moi, c'est ma famille. C'est mes amis. C'est ma santé. Je fais du sport tous les jours. C'est important pour moi. Je vis ma vie en fonction de ce qui est plus important pour moi, et c'est de cela que je suis le plus fière.

Mon nouveau pas vers le pouvoir financier et la liberté

À l'heure où j'écris ces lignes, un autre rêve m'a amené de nouvelles anxiétés et appréhensions. On a failli acheter une propriété à la montagne. Nous passons toujours l'hiver à environ trente-cinq minutes de chez nous. Mon fils est dans une équipe de compétition en ski alpin. Aussi, nous passons tout l'hiver là-bas, les week-ends. Nous avons fait une offre d'achat sur une propriété. C'était une super opportunité, mais je me suis réveillée la nuit suivante avec la boule au ventre, en me demandant *le projet est-il trop gros ?* Le lendemain, je disais à mon mari : « *Oh, non. Qu'est-ce que l'on a fait ?* » Donc, en ce moment, je caresse ce projet, mais je pense que je n'en suis pas encore là.

Pour l'instant, on a reloué pour l'hiver prochain. On loue toujours cinq mois et on y va les week-ends. La location, c'est super. Il n'y a pas d'implication financière autre que le montant à payer pour l'hiver. C'est très différent que d'avoir une autre hypothèque, une autre résidence dont il faut s'occuper, et à financer. Je demande à voir où la vie va me conduire. En ce moment, je suis dans une période où je veux savourer. C'est important.

L'humilité

Même quand on a l'impression d'être arrivé, il y a toujours une étape supplémentaire qui nous attend et qui peut faire peur, même si on a l'habitude d'avoir peur, même si on a l'habitude de transformer nos peurs. J'ai dû me trouver des stratagèmes pour calmer mes anxiétés. Mon père est très anxieux. Il a toujours été très anxieux. Il a été médicamenté toute sa vie, jusqu'à ce jour. Très tôt, dès l'adolescence, je me suis demandé *est-ce que j'ai hérité de cela ?* J'avais peur. Je me disais *est-ce que je vais devoir être médicamentée ?*

C'est ce qui m'a incitée à étudier la psychologie, à écrire des livres sur le stress et les émotions, et surtout à m'instaurer une bonne hygiène de vie. Ce que j'enseigne dans mes capsules à Mastef.tv, je l'applique. Quand je dis aux gens « faites du sport parce que c'est bon pour la santé physique et mentale », je le fais. Quand je dis aux gens « mangez bien », je le fais. Quand je dis aux gens « dormez suffisamment », je le fais. Quand je dis aux gens « ne travaillez pas trop, ne vous épuisez pas », je le fais. Il y a une expression en anglais qui dit : *« You walk the talk. »* Ce que j'enseigne, je le fais. C'est ce qui a fait que je n'ai jamais eu à prendre des médicaments : j'ai une bonne hygiène de vie. Si je ne m'étais pas écoutée, j'aurais peut-être eu tendance à faire des épuisements professionnels Heureusement, je n'ai pas eu à vivre cela. Merci, la vie.

L'évolution du pouvoir financier des femmes

Plus on va en parler, plus on va démystifier le fait que c'est noble de vouloir faire de l'argent, et non le contraire. Et plus il va y avoir des modèles de femmes qui réussissent. J'ai participé à une conférence dans une grande société financière québécoise où la directrice la plus haut placée est maintenant une femme, alors que durant des années, ce furent des hommes. J'étais assise à l'écouter et je me disais *waouh ! Quel beau modèle pour nos jeunes.* Moi-même je donne des conférences dans les universités et je donne des conférences publiques sur l'immobilier. Et la clientèle à qui je vends le plus mon programme, c'est la clientèle féminine.

Pourtant, statistiquement, l'immobilier est beaucoup plus un domaine d'hommes. Mais je me rends compte que je rejoins les femmes, parce qu'elles se disent *si Stéphanie l'a fait, pourquoi pas moi ?*

Donc je me dis que notre rôle à nous, c'est justement de rayonner le plus possible, de nous assumer comme femmes qui réussissons, de nous assumer comme femmes qui avons atteint une certaine indépendance financière, de le crier haut et fort et de se dire que oui, on peut redonner et on peut aider. Plus on s'assume là-dedans, plus de jeunes filles ou de jeunes femmes vont se dire *moi aussi j'aspire à cela.*

J'ai tout le temps des témoignages dans ce sens. Par exemple, une jeune Haïtienne de 22 ans a attendu deux heures à la fin de la conférence parce qu'il y avait une file de gens qui voulaient une dédicace. Elle est restée jusqu'à la fin, m'a prise dans ses bras et m'a dit : « Stéphanie, dans ma famille, ma mère me dit : "Tu ne peux pas faire de grandes choses." Je suis dans un environnement où les femmes ne croient pas qu'elles peuvent réussir. » Et elle a continué. « Moi je sais dans mes tripes que je peux réussir, et quand je te vois, tu es un modèle. » Je lui ai dit : « Tu le sais dans tes tripes. Tu as cette conviction. Je te garantis que tu vas réussir parce que tu ne peux pas le croire aussi viscéralement sans que cela n'arrive pas. Continue à assister à des conférences comme celle-ci, à te confier à des gens qui ont de grands rêves et à des femmes qui ont de grands rêves. »

Souvent, je dis en conférence : « Ne vous confiez pas aux gens qui ont des peurs, des craintes, des doutes, parce qu'ils vont vous les transférer. Confiez-vous à des femmes ou à des hommes qui ont le succès auquel vous aspirez. Ces gens-là vont vous encourager et être des modèles pour vous. »

Je pense que nous sommes des agents de changement

Mes conseils.

1/ Formez-vous.
Si vous êtes passionné par la bourse, allez chercher des livres

ou des programmes sur la bourse. Si vous êtes passionné par l'immobilier, allez vous former en immobilier. Si vous êtes passionné par l'entrepreneuriat, formez-vous là-dessus. Lisez des livres sur l'argent ou sur la manière d'atteindre l'indépendance financière. La connaissance augmente drastiquement nos chances de succès.

2/ Faites le ménage dans vos croyances.
Laissez aller les croyances que l'on vous a enseignées dans la famille et peut-être même à l'école ou à travers des gens qui ne croyaient pas en eux-mêmes. Faites le ménage et allez chercher des contre-exemples ou des preuves du contraire. Si vous avez la croyance qu'une femme ne peut pas réussir, cherchez et observez des femmes qui ont du succès. Modélisez-les.

Faire le ménage de vos croyances, c'est un travail quotidien. Pensez à regarder vos croyances en face et demandez-vous *qu'est-ce que je suis en train de croire par rapport à la réussite, par rapport à l'argent, par rapport à mon succès en affaires, par rapport à l'immobilier ou à la bourse ? Est-ce que mes croyances m'aident à atteindre mes objectifs ?*

3/ Ayez du plaisir.
Comme je dis toujours en conférence : « Si vous choisissez une vocation ou une profession parce que vous pensez que cela va vous amener de l'argent, mais que vous n'avez pas de plaisir, cela ne marchera pas, selon moi. » C'est ma croyance. Dès lors, à chaque fois que je m'embarque dans un projet, je me dis toujours *est-ce que cela va être le fun ? Est-ce que cela va être agréable ? Oui ? Alors j'y vais. Non ? Alors, je n'y vais pas.* Je sais qu'en début de carrière c'est plus difficile, parce qu'on veut tellement gagner de sous qu'on va avoir tendance à prendre des mandats qui nous conviennent moins, parce qu'on doit bien gagner la vie.

La beauté de vieillir et d'être plus dans l'abondance, c'est que l'on peut choisir

Aujourd'hui, je choisis juste ce qui me fait vibrer, ce qui m'apporte du plaisir. Essayez de remettre du plaisir dans votre vie professionnelle. C'est ce que je dis à mon fils lorsqu'il me confie que, plus tard, il veut faire ceci ou cela. « Tu feras ce que tu veux si tu as du plaisir à le faire. Si tu as du plaisir, tu vas te réaliser et tu tireras ton épingle du jeu. Tu gagneras bien ta vie. Je n'ai aucun doute. » Cela arrive dans mes premières valeurs. Il y a la liberté, et ensuite le plaisir.

Le mot de la fin

Pour chaque chose que l'on fait, si on veut avoir du succès, il convient de se demander *dans quel état d'esprit je le fais ? Est-ce que je le fais dans le plaisir ?* En effet, quand nous faisons quelque chose et que nous ne nous sentons pas bien, nous n'avons pas les résultats escomptés.

Par exemple, lorsque mon conjoint a eu un gros accident de ski, cela a été difficile. On déménageait. Tout est arrivé en même temps. Mon fils commençait à faire l'école à la maison. De la mi-décembre à début mars, les mois ont été rudes. Or, en décembre, on avait statué qu'on allait faire un lancement en février avec un nouveau partenaire sur Facebook. Je n'étais pas bien dans le temps des fêtes, et cela me stressait. Je me disais *je ne le sens pas*. Alors je me suis donné les vacances de Noël. *On y pensera en janvier.* Quand je suis revenue en janvier, on a fait un lancement, mais on a enlevé toutes les conditions anxiogènes pour moi, et cela a été un super beau succès.

Je sais pertinemment que si je m'étais forcée à faire tout ce que l'on me demandait, je n'aurais pas été dans l'énergie. Or, quand on n'est pas dans la bonne énergie, cela ne fournit pas les résultats escomptés. Toujours veiller à ce que nos choix nous apportent le plus de plaisir possible.

ÉDITH LASSIAT
« Je veux être heureuse », ou l'histoire d'une petite fille qui voudra TOUT… et l'obtiendra !

J'ai 120 ans, je sais que ça ne se voit pas.

Mariée depuis plus de trente ans, maman de deux jeunes adultes, j'ai quatre carrières de haut niveau à mon actif. Et je suis descendante de lignée d'amoureuse.

L'argent, la réussite, la passion ont fait partie de ma vie.

Enseignements, cadeaux ou défis, j'ai accueilli les vagues de la vie avec détermination et en laissant souvent le pilotage à une petite voix intérieure, mélange d'enfant intacte et de conscience qu'il existe quelque chose de grand en nous.

Aujourd'hui, je l'appelle l'expression de l'âme.

Se connaître, se reconnaître et se comprendre

En 2016, avec mon amie Maryline Leprince, intriguée par ce tabou général de l'argent, je fais un bilan sur les archétypes financiers et découvre les trois piliers qui me caractérisent :

1/ La célébrité
Attire à soi des expériences hors norme

2/ La banque
L'argent comme une valeur sûre, profond besoin de sécurité.

3/ L'hédonisme
Jouisseuse qui aime en profiter et le partager.

Une révélation : je comprends soudain mes paradoxes, mon rapport à l'argent, au couple, au travail, à la famille et surtout comment je fonctionne – ou parfois dans quels méandres je me perds.

Des clés de vie incroyablement utiles en sortent. Alors je

prends le temps de rembobiner mon histoire en douceur, car je sais intimement que tout cela s'enracine très simplement dans l'inconscient familial et dans l'enfance.

Je vous propose de partager une plongée intime dans mon histoire pour que vous puissiez à votre tour plonger dans la vôtre !

Et des clés de libération de vos ressources et votre merveilleux potentiel féminin.

Tout part de ce simple postulat de base : notre vie repose sur l'AUTORISATION que nous allons nous offrir à vivre en grand. Quelle que soit notre histoire, TOUT EST OUVERT !

Notre histoire familiale construit nos racines
Notre rapport à l'argent peut venir de loin !

Je suis née dans les années 1960, dans une petite ville de province, dans ce qu'on appelle maintenant les Hauts-de-France, bref le Nord, à Cambrai, dont l'une des gloires reste la fameuse « bêtise » ! La seconde sera plus tard le musée Matisse.

Je grandis dans une famille de cadres – fonctionnaires, déterminés à se construire une belle vie –, je ne manque de rien. La stabilité d'emploi est liée à leur fonction. On travaille beaucoup et on vise une sécurité matérielle sur plusieurs générations, on ne gaspille pas, on fait confiance à l'ascenseur social par la culture, le travail, les études et la connaissance.

Maître mot : « Sois indépendante et autonome, ma fille, et travaille bien. »

Nous sommes le fruit de nos lignées et de notre histoire familiale.

En fait, une double réalité familiale me donne des racines paradoxales.

Du côté maternel, je suis une descendante d'une lignée de femmes amoureuses et autonomes, gestionnaires, ayant un sens de l'argent et de la richesse très pragmatique. Des femmes fortes, féministes mais dans l'amour de l'homme, oui, des femmes de tête grandes amoureuses. Ça existe. Gratitude !

Ma grand-mère, Elvire, est cultivatrice, elle a le « port de tête d'Esméralda » et elle a surtout une âme de banquière avant l'heure.

Dès les années 1940, elle fait des prêts notariés et investit une grande partie des revenus de la ferme dont elle assume en toute confiance la gestion dans du dur, du solide : des maisons. Ses valeurs sont simples et fortes : la terre, les pierres et la pérennité.

Ici, on économise, on investit dans les études des filles et on vit simplement, sans chichis mais heureux. C'est solide, sain et carré.

La terre pourvoit, offre ses richesses et ses codes rigoureux. L'homme respecte ses fruits. « Un bon ouvrier soigne ses outils, et un travail mal fait est un travail pas fait. L'argent doit aussi travailler et faire sa part. »

Digne fille d'Elvire, ma mère, la belle Lucienne aux yeux turquoise, suivra ce chemin, entraînant mon père, plus lunaire, dans une gestion très intelligente des actifs.

Mère et grand-mère, lignée féminine de vraies banquières. La source probable de mon deuxième archétype.

Quelles sont donc ces petites phrases qui deviendront nos futures croyances ? Bienvenue aux paradoxes !

J'en retire très tôt, inconsciemment, quelques petites marques bien ancrées en moi :
- on ne « claque » pas inutilement ;
- l'argent est une garantie de sécurité ;
- les femmes sont très capables de gérer magistralement les finances ;
- l'argent « achète » le respect et le pouvoir.

Du côté masculin, c'est l'opposé, mon père hérite d'une lignée un peu cabossée, fantasque, de grands explorateurs. On court les océans et les continents, on est curieux de tout, jouisseur, et au bout du compte, sans le sou. L'argent file comme l'eau dans un terrain sableux. Avec en résultat les poches vides et zéro legs ou construction psychologique solide pour les enfants.

À 16 ans, mon père reçoit en cadeau un coup de pied au c…, avec cette phrase incroyable de la part de son propre père : « Engage-toi, une petite guéguerre, ça te fera pas du bien ! »

La vie c'est maintenant. Et après moi le déluge ! Allez, zou, vaï !

Il quitte ses études et s'engage. Il devra envoyer tous les mois de l'argent à ses parents. Le monde à l'envers !

La rencontre improbable de ce couple très amoureux que seront mes parents pendant soixante-dix ans me donne une tension intérieure surprenante.

Mon père devra travailler dur et s'engager dans l'armée pour financer seul ses études. Les premières années seront très douloureuses et hautement frustrantes pour lui, et elles marqueront une partie des mémoires du jeune couple qu'ils construisent sur des valeurs apparemment très opposées.

Cela me laissera donc des empreintes intimes un peu paradoxales.

J'oscille donc très tôt entre leurs deux sensibilités, la rigueur de banquière de maman d'un côté, le « gaspillage » du grand-père et la peur du manque de mon père de l'autre.

La nécessité d'investir d'un côté et la dureté de l'argent difficile à gagner de l'autre.

Mon père passa sa vie à vérifier qu'il en avait assez sur ses comptes, même quand ceux-ci sont devenus plus que confortables…, tout en s'offrant des plaisirs de mec, avec des voitures de ministre. À chacun ses paradoxes !

Comment construire des repères nouveaux qui nous ressemblent davantage ?

Nous ne manquons de rien à la maison, les métiers respectifs et les progressions sociales de mes parents nous mettent à l'abri. Maison en centre-ville, vaste et simple, on y écoute beaucoup de musique classique, Saint-Saëns, Prokofiev, Wagner, Bach, Beethoven, Satie…

On lit beaucoup, et mon père, passionné d'astrophysique et de physique quantique, m'initie à mon insu à une conscience du monde tout à fait hors norme, aux prémisses des neurosciences, de l'épigénétique, qui me donnent conscience qu'il existe une autre façon de voir le monde. Plus subtile et mystérieuse, un horizon intellectuel et spirituel très vaste et très riche.

Choisissez bien vos vœux !
Les prémisses de la loi de l'attraction

Dès que j'ai l'âge de faire des vœux, à la première fraise, au premier fruit de la saison, je fais toujours le même : « Je veux être heureuse ! »

Simple vœu, qui signifie que, s'il est réalisé, c'est que j'ai tout ce dont j'ai besoin à chaque instant. Je confie à la Vie, le soin de m'apporter le meilleur des expériences utiles, agréables ou pas, sur un plateau.

Plus qu'un vœu, une véritable injonction !

Ça pourrait nous éloigner de notre sujet – l'argent –, et pourtant ! Ce sera le fil rouge de ma vie. Pour mes références vis à vis de l'argent, en fait, c'est une référence extérieure à la famille qui va se révéler déterminante et me permettre de trouver mon troisième axe.

Choisir ses codes en toute liberté ?
Est-ce possible ?

À 7 ans, je découvre en classe ma future « meilleure amie », Isabelle, fille d'industriels très aisés, voyageant partout, recevant le soir et le week-end des amis et partenaires d'affaires, confiant les enfants à leur mamie, aux nurses, et vivant dans une maison d'architecte incroyable. Une autre vie.

Le contraste entre nos vies est évident mais dépose en moi une certitude, il y a là-dedans des choses qui m'attirent profondément !

Fascinée par leur style de vie, je découvre de nouveaux codes sans vraiment en prendre toute la mesure.

Quelques évidences naissent alors dans ma vision future :

- j'aurai beaucoup d'argent ;
- j'aurai un super métier ;

- je serai femme d'affaires et je courrai le monde ;
- je choisirai le risque et l'aventure ;
- je ne serai jamais fonctionnaire.

C'est aussi là que je comprends quelques codes sociaux qui me seront très utiles, l'importance du réseau, et que les deux mondes – personnel et d'affaires – peuvent se combiner harmonieusement.

La rencontre de cette autre façon de vivre me fascine. Il y a aussi une légèreté, une espèce de goût de la fête, une richesse sans limites que j'imprime en moi, un vrai pouvoir, une exploration ouverte de la vie et de ce qu'elle peut offrir d'incroyable.

Mon horizon matériel s'élargit.

Après le bac, je choisis donc des études supérieures de management pour avoir les moyens de ce rêve : une école de commerce. Va pour Sup de Co Lille. J'opte avec gourmandise pour le marketing international.

Je serai une femme d'affaires internationale. J'apprendrai ces codes et je courrai le monde.

Vingt et un ans, sortie d'école, premier job. Il arrive comme un véritable cadeau : l'Allemagne et l'Autriche, trente magasins de déco à superviser, les voyages, les beaux hôtels, les responsabilités, et le meilleur salaire de la promo.

Le vœu s'exauce. Je suis heureuse !

Première révélation : osez, faites confiance à vos rêves et à vos désirs !

« Si quelqu'un vous offre une place à bord d'une fusée, ne demandez pas de quel siège il s'agit. Montez ! » (Sheryl Sandberg)

Avec le recul je réalise que mon choix inconscient, ma vision et mon désir seront si palpables que l'Univers contribuera à me donner les moyens de vivre mes rêves.

En étant imprégnée de ces éléments clés, il émanait probablement de moi une certitude intérieure qui m'ouvrait les portes. En fait, je ne doutais de rien. Ou en tout cas, je ne le montrais pas. J'avançais. Et lorsque la vie m'en offrait l'occasion, je sautais dans le train en marche et j'avançais avec lui.

Cette entreprise m'enverra trois ans plus tard à New York diriger une petite filiale pendant un an. Gros challenge que je prends goulûment et qui me donnera des ailes.

De poste en poste, de job en job, je progresse vers cette vie audacieuse, libre et enthousiasmante.

**Deuxième révélation : quand vous doutez de vous
et que quelqu'un que vous admirez vous fait confiance,
allez-y, faites-lui confiance !**

« Le plus souvent, les gens renoncent à leur pouvoir parce qu'ils pensent qu'ils n'en ont pas. » (Alice Walker)

À 28 ans, ignorant tous les codes du luxe que je regardais avec curiosité et une forme de fascination, je suis en entretien d'embauche, place Vendôme, dans l'immense bureau du grand patron de Cartier, Alain-Dominique Perrin. Bureau Andrée Putman, sculptures d'Arman et de César. Il est en train de créer la Fondation Cartier pour l'art contemporain. Je suis dans mes petits souliers. Un tel luxe me dépasse et me fascine.

Au bout d'une heure d'entretien, dans lequel il m'interroge sur ce qui me porte, mes expériences, mes passions, il me confie de sa voix éraillée la moitié du monde à superviser. Je suis un peu dépassée. Tout un monde s'ouvre à moi, nouveau, exigeant, codé, un monde à apprendre. Je voulais tester le monde du pouvoir et de l'argent, j'y suis !

Je vais passer des années dans cet univers.

Cartier, Yves-Saint-Laurent, le monde, l'Asie, l'Afrique du Sud, l'Europe, les Amériques. Un parcours incroyable, (in)attendu, mais tellement rêvé et finalement offert sur un plateau d'argent.

**Troisième révélation : autorisez-vous la grandeur
Vous êtes la seule personne qui peut faire décoller votre vie**

« Vous voulez être remarquable, soyez différente. » (Gabrielle Chanel)

Bien sûr, j'ai eu peur. Bien sûr, j'ai craint que ce soit trop grand. Bien sûr, j'ai commis des gaffes. Des mémorables. Mais j'ai appris.

Changer de monde, de références, de codes, ça demande de l'adaptation.

Lors du premier rendez-vous avec mon futur p-dg, j'avais au poignet une montre Yema en acier, dont j'ignorais qu'elle ressemblait à la montre phare de Cartier, la Santos Dumont, nommée ainsi en souvenir de l'aviateur du même nom, pour qui Louis Cartier avait créé la première montre poignet pour faciliter sa lecture de l'heure quand il volait. ADP, comme on le nommait en interne, la regarde, un peu surpris, et me dit simplement : « Pas de copie servile chez nous ! »

Les joues en feu, je prenais ma première leçon de code, me sentant humiliée mais pas K.-O.

À sa demande, je passais quelques jours plus tard à la boutique de la rue de La Paix et choisissais une montre en or, qui me sera offerte plus tard en quittant le groupe. « Un confié. »

**Apprenez, vite, sans répit, car tout est là, tout est ouvert !
Et écoutez vos désirs. Laissez-leur de la place.**

Pendant vingt ans, je parcours le monde, de poste en poste, de challenge en challenge, avec au cœur de moi un véritable esprit entrepreneurial qui m'a ouvert les portes.

Une carrière ouverte, vivante, assez incroyable, que mon désir profond de vivre aura rendue possible.

J'en retiens quelques clés, très simples dans l'esprit, mais exigeantes :

1/ Osez, vivez sans limites, car tout est possible.
2/ Apprenez, encore et encore, visez l'excellence.
3/ Allez vers ce qui vous passionne, ce qui vous challenge et vous fait vibrer.

Et quelle que soit votre histoire familiale, c'est à VOUS de la transformer pour en tirer le meilleur. L'histoire est ce qu'elle est, mais vous avez la liberté d'en tirer le meilleur.

Et surtout, choisissez soigneusement votre entourage, vos modèles, vos références.

Des références porteuses, ambitieuses et cohérentes avec vos valeurs et vos rêves.

Au bout du compte, c'est VOUS qui construisez votre monde intérieur et extérieur.

Tout est possible. Au moment du choix, écoutez la bonne voix !

« Faites ce qui vous convient, car il y aura toujours quelqu'un qui n'est pas d'accord. » (Michelle Obama)

En 1993, je décide de changer d'axe et de vie, je quitte le marketing international. J'écoute une passion profonde qui sommeille depuis toujours en moi pour entrer en peinture. Un coup de théâtre dans lequel quelques acteurs vont vouloir jouer un rôle.

Quitter une telle carrière, brillante comme une carte de visite des beaux quartiers, est une folie aux yeux de beaucoup, dont mes parents, bien sûr, si fiers de ma réussite. « Mais tu ne travailleras donc plus jamais », me dit mon père dans un accès d'angoisse. « Mais tu n'auras jamais de retraite », me dit maman.

Je retrouve leur rapport à l'argent, au manque, au besoin de reconnaissance, à la sécurité, aux valeurs classiques du travail. Un peu sonnée, je me retrouve connectée à de vieilles peurs bien compréhensibles. À mes doutes.

Heureusement, une autre voix s'élève alors. « Avec ce parcours, tu n'as plus rien à prouver, alors fonce, explore tes dons ! » me dit mon mari.

Qui écouter ?

Tout est possible, et je choisis la passion, la « raison du cœur » et la confiance en la Vie et en moi.

Apprenez à gérer les transitions et explorez

Le temps de financer mon démarrage en peinture, je donne

des cours de marketing en université et exerce des missions de consulting à l'Institut français de la mode. Le marketing de la mode et du blanc. Mes clientes sont des cadres supérieurs d'Adidas, de Chanel, de la Camif…

Je « plonge en peinture » avec passion, j'apprends inlassablement, le nombre d'or, les techniques du Quattrocento, les glacis, je prépare tous mes produits comme une arpette à l'atelier et entre dans la « cuisine des anges ».

Je travaille quotidiennement, je galope, j'intègre tout, je retrouve des gestes, des savoirs anciens, comme une révélation de quelque chose que je savais et que j'avais oublié. Résurgence de savoirs engrammés dans mes mains, mon regard. Une évidence. Je revis !

La petite Édith fantasque et créative, un peu oubliée ces derniers temps, trouve un magnifique terrain de jeu. Elle est heureuse.

Dans cette phase de vie, l'argent n'est pas un objectif, il sera le cadeau supplémentaire. Ce qui me pousse est un besoin profond d'expression artistique, de réalisation personnelle, d'exploration.

On refuse mon travail en France, car je suis une « femme » qui fait une « peinture de femme » et que je viens du marketing. Qu'à cela ne tienne, je pars en exploration aux États-Unis, là où les mentalités sont ouvertes aux profils atypiques.

Deux ans plus tard, j'expose en Californie et vis de mon art.

Mes séries porteront des noms étranges : « D'amour et d'Énergie », « Intimement l'Autre », « Tu, Toi, Les Anges »…

**Ne laissez personne barrer votre route !
Pensez « out of the box »**

Il y a toujours un moment crucial où l'on s'autorise – ou pas – la grandeur.

J'ai un profond sentiment de gratitude envers ce galeriste d'art contemporain de la rue Louise-Weiss qui, en me rejetant avec un peu de mépris, m'a obligée à me dépasser et à oser explorer la piste incroyable des États-Unis, ce qui me semblait improbable, voire impossible.

Le reste a suivi.

La vie n'est pas un long fleuve tranquille
Les retournements de situations
sont de formidables tremplins

« J'ai appris que, lorsque la vie vous fait plonger, vous pouvez donner un coup de pied au fond, remonter à la surface et respirer. » (Sheryl Sandberg)

En 2010, nous sommes au bord d'une faillite, suite à un investissement immobilier malencontreux. Confrontée à mes vieilles peurs de manquer qui remontent brutalement, je décide de plonger encore plus profondément dans la compréhension de ce qui me perturbe autant et l'enseignement que la vie est en train de m'offrir. Je réalise que je vais à nouveau m'offrir un changement de vie radical.

En effet, c'est au moment où notre situation devient chaotique que je vais me libérer définitivement et en conscience de ce schéma familial.

Je vais aussi pouvoir partager cela pour aider les autres femmes à être des femmes influentes et rayonnantes au cœur de leur véritable potentiel. Libres de leurs freins.

Depuis, c'est ce rayonnement que je contribue à libérer, en honorant la lignée des femmes qui nous ont construites, en honorant les hommes qui nous ont accompagnées, en libérant nos enfants et en démontrant par le vécu que c'est possible d'être tout cela à la fois, quelle que soit notre histoire.

J'ai depuis trente ans fait un travail en constellations familiales, en psychologie, et exploré la psyché humaine avec des analystes, des chamans et thérapeutes de toute nature, et je suis prête à amorcer ma nouvelle carrière. Je suis intimement prête à aborder un nouveau virage.

Il est temps d'utiliser tout cela. Le temps de la synthèse. Le marketing, l'art, les compétences thérapeutiques, tout se tresse pour pouvoir bâtir ma prochaine étape de vie.

Mes valeurs s'affirment, et je me sens Amazone. Prête à partager les fruits de toutes mes expériences et à contribuer à l'éveil de femmes spirituelles, créatives, pour leur plein rayonnement professionnel. Mes credo sont des piliers solides.

Oui, je crois profondément à la femme, la femme d'affaires, la femme amoureuse, la mère, la femme contributrice.

Oui, je crois profondément à la sororité, à la puissance des groupes, de l'entraide, de la décision de vivre en grand, à la magie des bonnes associations et des modèles inspirants. Tout n'est qu'autorisation au grandiose.

Oui, je crois que l'argent et la réussite sont le reflet de la valeur que nous nous reconnaissons.

Je deviens coach et me passionne pour ce qui aura défini toute ma vie : la libération de la puissance féminine.

Choisir son cap, ses valeurs et le changement de GPS que la vie, parfois, nous propose

Je choisis mon cap : l'autorisation à explorer l'excellence, la passion, la beauté, l'essence de notre être. La contribution à un monde meilleur, plus libre, plus heureux. L'ADN de la réussite au féminin.

L'argent en tant que tel n'a jamais été mon moteur principal. Il a été le corollaire, la résultante et la gratification de toute une vie de passion et d'écoute de mes rêves. De mes engagements à oser l'excellence et à donner le meilleur de moi, à dépasser mes limites, à explorer des territoires nouveaux.

Il a été le cadeau, le surcroît, le fuel de cette vie. Il m'a permis une liberté exceptionnelle et donné les moyens de vivre en grand. Mais c'est surtout parce que je voulais profondément vivre tout cela que l'argent est venu dans ma vie.

Les messages de notre rapport à l'argent.

« L'argent va à ceux qui l'honorent. » (Alain)

Oui, l'argent nous parle de nous, de notre estime de nous, de ce que nous estimons valoir, de nos codes familiaux et sociaux, de nos interdits, de nos tabous, de notre autorisation ou de l'empêchement à être nous-mêmes, de l'injonction à suivre les codes extérieurs et le troupeau. Il parle de nos loyautés familiales, de notre profond besoin de ne pas nous couper de notre terreau d'origine.

Beaucoup de personnes que j'ai eu le privilège de coacher ont réalisé que ce qui les empêchait de s'autoriser (vous l'avez compris c'est mon maître mot) la richesse, venait de la crainte inconsciente de trahir leurs parents, leur famille, leur terreau familial.

Et après un travail d'identification et de compréhension des schémas de cette même famille, elles allaient pouvoir, devoir, s'en libérer sans jugement, dans la gratitude de l'enseignement, pour suivre leur propre chemin.

Quitter des codes qui ne nous conviennent plus n'est pas désaimer mais apprendre à mieux s'aimer. Comprendre d'où nous venons, trier ce qui nous est utile et rendre le reste, SE CHOISIR, S'AUTORISER, est le cadeau le plus nécessaire et le plus précieux que l'on puisse se faire.

Notre rapport à l'argent impacte profondément la valeur de notre entreprise, de notre salaire, de notre position sociale, de notre liberté. Combien de mes clientes avaient du mal à fixer des prix élevés à leur travail, pourtant de grande valeur. Elles n'osaient pas le faire parce qu'elles ne reconnaissaient pas suffisamment leur propre valeur.

C'est en remontant leur histoire, en reconnaissant leur valeur – valeur propre et valeur de ce qu'elles offrent, valeur de leur histoire, valeur de ce qu'elles veulent offrir au monde – qu'elles ont libéré leur accès à la richesse.

Je suis persuadée que notre rapport à l'argent et à la réussite reste un symptôme, la partie visible de l'iceberg. Les douleurs, les difficultés, les conflits, les peurs, les plaisirs intenses qu'il engendre dans nos vies ne sont que des messages à entendre.

L'argent est un merveilleux serviteur et un mauvais maître. Aujourd'hui, je considère que l'argent est ce que j'appelle la meilleure expression de nos valeurs de liberté, de contribution, de notre valeur d'être et de ce que nous voulons profondément vivre dans un monde infiniment ouvert et généreux. Il est le fruit d'un choix de vie profond. Il vient à celui qui se l'autorise.

Il a pour corollaire des mots clés tels que :

- liberté ;
- contribution ;
- confiance en soi ;
- confiance en la vie ;
- fluidité ;
- générosité ;
- hédonisme ;
- beauté.

C'est en partant du plus profond de votre désir, de vos rêves, de la puissance de votre enfant intérieur intact que vous allez pouvoir construire votre vie sans limites et y inviter ce merveilleux fuel qu'est l'argent.

Quelques bases de mantras utiles :
AUTORISEZ L'ARGENT À VENIR DANS VOTRE VIE.
À irriguer largement vos rêves.
Accueillez-le comme un ami généreux, un cadeau pour vous et à partager.
Comme une énergie fluide qui aime circuler.
Comme l'expression pleinement légitime de votre valeur pleinement reconnue et mise en lumière.

Il est temps pour nous, les femmes, de pleinement rayonner, de prendre notre vraie place, d'honorer cette puissance paradoxale faite de potentiel masculin, yang, actif, et de féminin, notre yin, notre empathie, la libre expression de notre cœur.

Le XXIe siècle a des enjeux majeurs : ses Milleniums – et j'en ai moi-même deux magnifiques, de 25 et 30 ans – qui poussent à nos portes et les challenges sociaux, écologiques, humains. Bref, ce monde nouveau a besoin de force yin, a besoin de notre liberté et de notre rayonnement de femmes libres et puissantes.

Toutes les femmes que j'accompagne expriment un désir commun intense, celui de contribuer pleinement à rendre le monde meilleur. Sans fausse pudeur envers l'argent, devenu un outil fluide, joyeux et sain.

C'est dans notre pleine conscience et notre libération du potentiel féminin que se trouve la clé de ce nouveau monde.

Le pouvoir financier féminin est pour moi l'expression et la pure conscience de notre puissance féminine totalement assumée, librement consentie, généreusement vécue dans la fluidité.

Que l'argent devienne une plus belle énergie au service de nos valeurs, « un merveilleux serviteur », comme disaient les anciens, et surtout pas « un mauvais maître ».

MARTHE SAINT-LAURENT
Au service de soi, avant tout !

Transmission familiale

« Lorsqu'il n'y en a plus, il y en a encore ! » répétait ma mère, lorsque nous, les enfants, avions peur de manquer d'argent, de nourriture ou autre. Sans le savoir, elle nous transmettait la notion de l'abondance. Ne jamais craindre l'absence ou l'insuffisance.

Dans la foulée, j'apprenais la liberté de penser et d'être. Les mots « peur », « incapacité », « limite », « contrainte » ne trouvaient aucun écho chez moi, si bien que j'ai grandi avec la conviction que tout était permis, possible et réalisable. Je n'avais qu'à suivre ma voie en écoutant ma voix, et tout le reste me serait offert comme par miracle.

Je suis issue d'une famille québécoise matriarcale dans laquelle ma mère éduquait ses six enfants tout en s'occupant de la ferme, pendant que mon père rapportait l'argent. Elle n'attendait pas le retour de son mari pour réparer elle-même les appareils défectueux, pour appeler les banques ou pour communiquer avec la direction de l'école. En résumé, ma mère était aussi mon père. Elle n'hésitait pas non plus à confronter le curé de la paroisse à une époque où celui-ci était maître et roi. Elle a été la première femme dans le village à obtenir son permis de conduire et à posséder sa propre voiture. Mon père lui a toujours fait entièrement confiance et n'a jamais remis en question ses décisions. C'est ainsi que j'ai appris, tout comme elle, à être autonome et indépendante. Ne rien attendre de personne.

Dès l'âge de 12 ans, je faisais du baby-sitting dans le but de me payer mon premier vélo à dix vitesses. Ce bonheur de l'avoir « gagné » demeure, encore aujourd'hui, un souvenir inoubliable. Je n'ai subi aucune contrainte quant à mon choix, car je l'ai acheté avec « mon » argent. Cette première liberté de choix liée à l'argent, en plus de faciliter ma mobilité, est devenue mon mode de vie. Ainsi, les mots « liberté de choisir » et « gérer mes finances » sont restés indissociables. Lorsqu'il s'agit de mon argent, tous les choix s'offrent à moi.

Vraie liberté

Ma conception de la liberté s'est peaufinée au fil des ans. J'ai alors constaté que la vraie liberté n'était pas uniquement liée à l'indépendance financière mais aussi à un travail qui me permette d'être heureuse et épanouie. Très vite, dans la jeune vingtaine, j'ai compris qu'un travail à temps plein, assise à un bureau de 9 heures à 17 heures, quotidiennement, ne collait pas avec mon tempérament, même si je suis restée dans ce mal-être de nombreuses années en me contraignant à « gagner ma vie » pour être libre.

Au début de la trentaine, ma liberté passait par un job à temps complet, des études universitaires le soir et la préparation, pendant les week-ends, des repas de la semaine pour ma fille et son père. Cette notion de la liberté me plaisait à cet âge, car j'avais l'impression de m'accomplir, de me réaliser, d'exister. Évidemment, je n'écoutais pas ma fatigue, ne concevant absolument pas l'idée de prendre du temps pour moi. Je faisais des doubles journées pour ne pas culpabiliser de mes absences prolongées. Je donnais le meilleur de moi-même au travail, aux études, à mon enfant, à mon conjoint, mais je m'oubliais complètement.

Il m'a fallu dix années avant de prendre conscience que j'existais, que j'avais besoin de temps pour moi, à moi et à moi seule. Je finis par comprendre que le fait de me choisir n'enlevait rien aux autres. Je ne rejetais pas les miens, je me choisissais, ce qui est très différent. Cette liberté, que je nomme « la vraie liberté », est avant tout l'idée même d'être en harmonie avec qui je suis. Je n'agis pas pour plaire mais pour rester centrée sur mon essence.

Depuis, j'applique cet apprentissage dans toutes les sphères de ma vie. La liberté d'être passe forcément par mon autonomie financière, mais je demeure très vigilante quant aux obligations que je m'impose parfois et attentive également dans mon écoute, dans le temps que j'offre aux autres, que ce soit mes proches ou mes clients. Je m'interroge sans cesse sur les motifs réels de mes implications. Je reste à l'affût pour respecter *ma* liberté intérieure. Elle est la plus importante pour moi, car elle m'évite de vivre de la frustration.

Premières en affaires

J'étais déjà auteure de plusieurs guides pratiques sur les relations entre femmes au travail lorsque j'ai complété ma formation en coaching. C'est à ce moment que l'idée m'est venue de joindre le groupe Premières en affaires, un club de rencontres entre femmes professionnelles prospères, inspirantes et engagées dans leur secteur respectif. Issues de diverses professions, plusieurs d'entre elles provenaient du domaine des finances et des sciences, chasse gardée des hommes depuis très longtemps.

Durant un 5 à 7, la première femme à obtenir le poste de directrice financière d'une importante banque canadienne était la tête d'affiche de la soirée. Les propos percutants de cette femme, je m'en souviens encore, résonnaient en chacune de nous. Puis la dernière question tomba : « Comment fait-on pour arriver à ce poste lorsqu'on est une femme ? » La directrice éclata d'un rire généreux et communicatif : « Pour réussir, lorsqu'on est une femme, il faut un mari compréhensif qui s'occupe des enfants et des tâches quotidiennes. »

Je fus saisie par la spontanéité de cette réponse, moi qui croyais qu'il fallait assumer les tâches du quotidien toute seule, en plus de mener à bien notre carrière. Pendant de longues semaines, cette directrice a soulevé en moi bien des interrogations. Toutes mes idées préconçues et toutes mes croyances tombaient. Mes convictions s'effritaient. Donc, pour réussir, il n'est pas obligatoire d'être célibataire, sans enfants, sans amis, sans vie. Cette entrevue m'a marquée, car elle a bonifié la vision que j'avais de ma carrière.

Révélation : « Pour réussir, il faut un mari compréhensif qui s'occupe des enfants et des tâches quotidiennes. »

La simplicité et la franchise de cette gestionnaire de haut niveau me permirent de prendre conscience de la nécessité de déléguer sans culpabiliser et de l'importance capitale que mon partenaire de vie me supporte et comprenne mon choix d'être une femme professionnelle et prospère. Personne ne s'est fait tout seul.

Intention réelle et perception

Vers la fin de l'adolescence, deux objectifs guidaient mes choix. Le premier était de prouver à mes parents que j'étais capable d'atteindre la notoriété. Le deuxième, plus noble, était qu'ils soient fiers de moi. Ma volonté de réussir à tout prix était nourrie par le besoin de reconnaissance de la part de mes parents. Je voulais leur prouver que je pouvais dépasser les rangs de la lignée familiale. Seulement, ma motivation n'était pas suffisante, et c'est ainsi que j'ai essuyé de multiples refus dans les écoles de théâtre.

En réfléchissant bien, j'ai compris que l'autosabotage était au cœur de mon conflit intérieur. D'une part, mon intention réelle, loin d'être alignée sur ma volonté authentique, manquait de pureté ; je désirais être actrice pour être vue – donc reconnue – par le clan familial, entre autres. D'autre part, la perception que j'avais de moi se heurtait à ma famille, à mon milieu, et je ne m'autorisais pas à me percevoir autrement qu'en fillette issue d'un petit village.

Malgré un travail acharné pour atteindre mon but, je ne récoltais que déceptions et échecs, car les raisons à l'origine de mes décisions n'étaient pas en harmonie avec mon être ni avec mes talents. Ce n'est qu'à la mi-vingtaine que j'ai accepté l'idée que chaque individu possède un talent qui lui est propre. Je compris alors que je ne devais pas être motivée par ce que je cherchais à prouver, mais par ce que je pouvais offrir de mieux aux autres. En fait, la question était toute simple : de quelle manière puis-je mettre aux services des autres mon talent et mes compétences ?

Cette voie, enfin authentique, m'a guidée tout naturellement vers le domaine des communications. Le journalisme, qui allie découvertes, apprentissage, partage, écriture et allocutions, représentait l'étape idéale vers ma carrière actuelle d'auteure, de conférencière et de chroniqueuse télé et radio. Ce talent de communicatrice, je l'exerce dans la liberté complète, c'est-à-dire sans tenir compte du jugement des autres ni du mien, et sans en tirer une quelconque reconnaissance ou fierté. Mon intention n'est autre que de me réaliser en transmettant mes connaissances par ma créativité.

Erreurs et apprentissage

Une carrière florissante passe forcément par les erreurs que nous commettons. Du coup, nous pouvons parler de défis, d'apprentissage, d'expériences exploratrices, de passages obligés ou autres. Toute gestionnaire apprend de ses erreurs. Après quelques années difficiles, mes services de conférence et de coaching m'ont permis d'accéder à des revenus très intéressants. C'est alors que je suis tombée dans le piège d'accepter de travailler avec tous les clients qui se présentaient à moi, même ceux qui ne m'inspiraient pas. Guidée par la seule volonté d'augmenter mes revenus, encore et encore, je ne refusais aucun contrat.

Tandis que mes conférences offertes en entreprises se vendaient comme des petits pains chauds, je reçus l'appel d'une directrice des ressources humaines qui avait lu mon livre portant sur les relations entre femmes au travail. Elle me contactait pour que j'anime une discussion sur mon sujet de prédilection. Étrangement, elle avait en tête une conférence précise... la sienne.

Mon intuition a rapidement anticipé les soucis causés par des exigences irréalistes, des entorses au contenu de ma conférence, ainsi qu'à ma présentation et, pour terminer, une insatisfaction de la part de cette cliente. C'est ainsi que j'ai proposé un tarif déraisonnable... qu'elle a accepté. Découragée, car je ne me voyais pas donner cette conférence, mais attirée par l'appât du gain, je me suis finalement fait à l'idée. Les semaines suivantes ont été un pur enfer. Un mois avant l'événement, mon honnêteté a ressurgi. J'ai décliné l'offre de ce contrat en exprimant clairement à ma cliente que jamais je ne pourrais présenter une conférence à la hauteur de ses attentes, car elle l'avait déjà toute prête dans sa tête. Elle s'y est résignée, non sans se fâcher.

Conseil : ne pas accepter un contrat ou un client parce que c'est payant. Il nous coûtera plus cher que ce qu'il nous rapportera.

Je me suis souvenue longtemps de cette cliente. Je l'avais acceptée parce que c'était payant, alors qu'au final, en calculant mes heures, je travaillais pour presque rien. Et c'était sans compter les nuits d'insomnie occasionnées par les exigences et restrictions qu'elle me transmettait à la dernière minute, avec des délais impossibles à tenir !

Autonomie

Dans toute sa bonté et sa générosité, la vie sait exactement placer sur notre route des êtres et des événements inspirants qui nous permettent d'interpréter et de comprendre des messages nécessaires à l'évolution dans notre parcours de vie. J'ai ainsi constaté que mon cheminement personnel est le reflet de ma vie professionnelle.

Après que j'ai donné naissance à ma fille unique, au début de la trentaine, ma vie a pris racine dans un immeuble où un vieux couple se faisait la vie dure depuis de nombreuses années. En peu de temps, cette femme d'un certain âge est passée du statut de voisine à celui d'amie remplie de sagesse. S'ajoutaient à mes souvenirs d'enfance les précieux conseils qu'elle me prodiguait, sans en avoir totalement conscience. Elle me confortait dans l'importance, voire l'obligation, d'être et de demeurer autonome financièrement en tant que femme. À travers ses confidences, je mesurais davantage les dangers de la dépendance financière, depuis que son mari l'avait incitée à laisser son emploi.

Sans véritablement peser le pour et le contre, elle s'était laissée convaincre par son mari que sa vie serait plus facile et qu'elle aurait davantage de temps à elle si elle restait à la maison. Bien qu'elle ne manquât de rien, elle n'avait plus de pouvoir, ni financier ni décisionnel. Un jour, elle me révéla : « Mon plus grand regret est d'avoir quitté mon emploi sous la pression de mon mari. » Dans un même souffle, elle me fit jurer de ne jamais perdre mon autonomie financière, promesse que j'ai tenue, malgré les difficultés professionnelles que j'ai rencontrées.

Révélation : « Mon plus grand regret est d'avoir quitté mon emploi sous la pression de mon mari. »

Avant de prendre une décision quelconque, j'évalue les conséquences qu'elle aura sur mon autonomie et mon indépendance, tout en prenant en compte les raisons réelles : « Cette décision est prise pour moi ou pour les autres ? »

Besoin des autres

J'ai appris à la dure que la réussite professionnelle passe également par des moments difficiles, autant sur le plan financier – qui ne prend pas de risques ne peut innover – que psychologique. Comme je l'ai écrit précédemment, la vie est parfaite et bienveillante. Elle sait nous apporter ce dont nous avons besoin, au moment où nous en avons besoin... ni trop tôt ni trop tard.

Il m'a fallu du temps pour comprendre qu'une aide financière provenant d'une personne intègre et bien intentionnée était aussi valable qu'une rémunération payée par un client. Même les femmes les plus puissantes de ce monde ne peuvent affirmer y être arrivées seules. Que nous le voulions ou non, nous avons toujours besoin des autres, à un moment ou à un autre.

J'ai eu la chance de rencontrer un homme exceptionnel qui m'a enseigné les rudiments essentiels pour offrir des conférences percutantes. Sa générosité, tant dans la transmission de son savoir que dans l'aspect monétaire, durant les moments difficiles rencontrés au début de mon entreprise de conférencière, m'a permis d'atteindre, voire de dépasser, mes objectifs financiers et professionnels.

À ma question « pourquoi fais-tu cela pour moi ? », il me répondait que son partage était motivé par le fait qu'il aurait aimé, lui aussi, recevoir ces précieuses informations au début de sa carrière, afin d'éviter bon nombre d'erreurs et de pertes de temps pour apprendre des évidences. Quand je me suis inquiétée de savoir s'il n'avait pas peur qu'on lui vole ses idées, il m'a affirmé qu'il en avait des milliers par semaine et qu'il n'y avait que lui, et lui seul, pour les porter à sa manière.

Depuis, j'ai appris à me faire entièrement confiance afin de faire confiance aux autres. Je sais qu'il n'y a qu'une Marthe Saint-Laurent, et cela me suffit pour partager mon savoir et mes connaissances sans limites. Plus je donne, plus je reçois. Je n'ai jamais peur qu'on me vole mes idées, mes textes, mes sujets de conférences. Je suis généreuse de la même manière qu'on l'a été envers moi. Dans le milieu professionnel, je suis devenue une référence de générosité et d'intégrité, des qualités formant ma marque de commerce. N'est-ce pas là un bel accomplissement ?

Inspiration pour les femmes

Durant mes années d'absence auprès de ma fille, travaillant énormément, j'ai développé, comme bien des femmes, la culpabilité de ne pas être une bonne mère. Pourtant, je savais, pour l'avoir vécu, que le principe de l'exemple est indispensable à tout apprentissage. C'est ainsi qu'en discutant avec ma fille de 25 ans j'ai réalisé que, malgré l'absence vécue à l'adolescence – maintes fois reprochée à l'époque –, elle était fière de sa mère, qui lui avait enseigné l'indépendance financière, l'autonomie personnelle et professionnelle, et l'exemple parfait d'un caractère fonceur et déterminé.

Un soir où nous étions en tête à tête et que je tentais de découvrir ses traumatismes et ses souffrances, j'ai compris que j'avais nourri une angoisse vis-à-vis d'elle qui n'était pas du tout le reflet de la réalité. Non pas que mes absences prolongées occasionnées par mes voyages professionnels ne l'avaient pas affectée, mais elles ne résonnaient pas aussi puissamment en elle que ce que je m'étais imaginé. Elle m'a tout gentiment confié : « Maman, tu m'as inspirée par ton indépendance, ton authenticité et ta réussite. » C'est avec beaucoup d'émotion que je l'ai remerciée pour sa sincérité.

Révélation : « Maman, tu m'as inspirée par ton indépendance, ton authenticité et ta réussite. »

Nous ignorons souvent l'impact que nous avons sur les autres femmes, qu'elles soient nos filles ou de jeunes femmes de notre entourage. Dans la plupart des cas, nous restons coincées dans la culpabilité de ne pas être aussi parfaites que nous l'aurions souhaité. L'exemple de notre détermination, de notre implication, de notre réussite représente cependant un héritage précieux pour les générations à venir. Si nous nous sommes inspirées de femmes fortes et déterminées qui ont su porter haut et fort, de leur intelligence et de leurs compétences, pourquoi ne pourrions-nous pas les imiter ?

Intuition : gage de réussite

En me référant au début de ma carrière, j'avoue, en toute honnêteté, avoir réalisé mes plus grandes réussites lorsque j'étais à l'écoute de mon intuition plutôt que dans la volonté de faire les choses bien ou de reproduire les formules édictées par des gourous qui affirment « avoir réussi ». Chacune de nous possède sa propre personnalité, son énergie, ses compétences, ses forces et ses faiblesses. La vie m'a appris à utiliser ces dernières pour en faire *ma* force.

Ainsi, malgré un problème de dyslexie, je me suis servie de mon talent, qui repose sur une très grande sensibilité à ressentir et à partager mes émotions… qui touchent bien des femmes. Qu'il s'agisse de ma vie personnelle ou de ma vie professionnelle, je sais communiquer avec toute ma générosité et mes expériences, dans lesquelles bon nombre de femmes se reconnaissent. Lorsque j'ai amorcé l'écriture de mon premier livre sur les relations interpersonnelles destructrices entre femmes, on m'a littéralement lynchée, dès le début de la rédaction, puis en conférence, et ensuite, durant mes entrevues médiatiques. Jamais je ne me suis soumise aux commentaires, si humiliants et insultants fussent-ils, car mon intuition me disait simplement que je devais dénoncer, afin d'aider les femmes qui en avaient besoin.

Conseil : ne pas écouter les autres mais notre petite voix. Nous sommes les seules à savoir ce qui est bon pour nous.

Une petite voix me soufflait : « N'écoute pas les autres, continue d'avancer, car les femmes ont besoin de ta voix. Tu es la première à dénoncer cette problématique ; les réticences et les commentaires désobligeants sont normaux. » C'est ainsi que mon premier ouvrage a été un best-seller. Les médias canadiens francophones se sont emparés de la nouveauté. Ce premier livre m'a propulsée beaucoup plus loin que ma propre ambition aurait pu l'imaginer.

Cette intuition, j'ai appris à la suivre. Dès que je l'ignore pour écouter d'autres voix – comme celles de la peur d'autrui ou de la jalousie, par exemple –, les résultats ne sont plus concluants.

Importance du choix de ses alliées

Notre intuition – ou notre petite voix – est bien notre alliée numéro un pour notre carrière, notre réussite professionnelle et, donc, pour notre pouvoir financier. Cette voix intérieure nous indique, à coup sûr, à qui nous pouvons faire confiance. Si, au début de ma carrière, j'ai choisi d'ignorer la collaboration des femmes dans ma vie, c'est que les anciennes blessures et le manque de confiance en leur implication sincère nourrissaient mes traumatismes.

Aujourd'hui, ma réalité est très différente. J'ai réalisé que la confiance partait de moi, que j'attirais vers moi les femmes fidèles et authentiques, dans la mesure où je le suis moi aussi. J'avoue avec enthousiasme que les personnes influentes dans ma vie professionnelle, présentement, outre mon dévoué mari, sont majoritairement des femmes. De manière générale, nos relations sont à l'image de notre vie. Nous devons être vigilantes sur le choix des gens qui nous entourent.

Notre pouvoir financier est en étroite corrélation avec nos valeurs, nos choix, nos croyances profondes et la perception que nous avons de nous-mêmes. Plus nous sommes authentiques et intègres, plus nous réussissons. Nous avons reçu la grâce d'une intuition peu commune, d'une sensibilité accrue, d'une détermination extraordinaire et d'une endurance sans limites. Toutes ces qualités doivent servir à nous construire.

Conseil : nous devons être vigilantes sur le choix des gens qui nous entourent.

J'ai la conviction qu'une femme qui apporte soutien, écoute et conseil à une autre nourrit sa réussite et son avancement personnels. Donner et partager ne nous enlève rien, au contraire, cela nous rend plus puissantes. Moins je pense à réussir, plus je réussis. Mon pouvoir financier repose uniquement sur ma mission, qui est de mettre mon talent et mes compétences au service des autres.

Souhaits, vision, projets

Lorsque j'ai quitté mon premier mari, je n'avais que 25 ans et j'étais déjà le soutien financier familial. Pourtant, quelle ne fut pas ma surprise de constater la difficulté à obtenir un prêt bancaire sans endosseur, dans le seul but de régler la moitié des dettes de mon ex-mari, alors que celui-ci en a contracté un sans problème ! J'ai dû me battre pour être l'unique signataire. Depuis, bien de l'eau a coulé sous les ponts, et les démarches administratives sont devenues plus faciles.

Lors de l'achat de ma maison, ma fille m'a accompagnée dans chacune des étapes : des visites de la demeure à la signature des contrats à la banque. J'ai réussi à inculquer à ma jeune adulte l'importance, voire l'obligation, de cultiver son autonomie et son indépendance financière par le biais de son talent et de ses compétences, afin d'être heureuse. Ma vision du pouvoir financier des femmes est certainement une aisance liée à l'argent, mais également une notoriété dans notre champ d'expertise, dans notre domaine de création. Le pouvoir financier, c'est la liberté complète quant à nos choix et à nos décisions ; il est synonyme de pouvoir décisionnel.

Si ma carrière, comme celle de la plupart des femmes, n'a pas été un long fleuve tranquille, traversant des périodes de doutes quant à mes décisions et de difficultés financières, je n'ai jamais baissé les bras, portée par la conviction qu'une confiance à toute épreuve m'accompagnait. J'attire ainsi à moi les clients, les collaboratrices, les amies, les membres de mon équipe de travail idéaux au développement de ma carrière.

Je ne cherche pas à conserver les méthodes qui, autrefois, fonctionnaient bien. Je m'adapte, j'innove, je m'entoure d'alliées fidèles et authentiques afin de poursuivre l'exploitation de mon talent à travers ma créativité. Cette liberté financière me permet de vivre la vie qui me ressemble, celle que j'ai voulue et que je veux encore. Après l'atteinte de tous mes objectifs professionnels dans le domaine de l'édition, du coaching, des conférences et des communications de manière générale, ma petite voix me dit clairement de me rebrancher sur mon rêve d'enfant : voyager et écrire.

À méditer

Restons centrées sur notre intention réelle.
L'intuition nous indique clairement à qui faire confiance.
Ne jamais remettre notre vie entre les mains de quiconque.
Acceptons l'aide financière uniquement si elle provient d'une personne saine.
Il est normal de tomber et de nous relever, c'est l'apprentissage de la vie.
Nourrissons l'idée de l'abondance : il y en a toujours.

LINE BOLDUC
Comment dépasser les limitations et s'autoriser l'abondance

C'est un grand plaisir pour moi de pouvoir partager ces quelques réflexions avec vous. Quand il est question d'abondance, tout le monde en rêve, mais plusieurs ont le sentiment que cet idéal leur échappe sans trop savoir pourquoi. À travers mon expérience, je vais vous offrir l'opportunité de poser un regard attentif sur les éléments qui peuvent limiter votre envol ou ralentir l'atteinte de vos idéaux, relativement à l'argent et à l'abondance heureuse.

Mes propos vous démontreront que, pour en arriver à mon statut actuel, j'ai dû surmonter des croyances limitatives, réparer les conséquences fâcheuses de mauvaises décisions qui m'ont amené bien des pertes financières par le passé. Une fois l'introspection suffisante, j'ai pu identifier les racines de ces failles et créer un alignement intérieur digne d'un grand respect de moi.

Mon expérience m'a amenée à échanger avec des milliers de gens, via mes livres, conférences, séminaires et formations, depuis la création de mon entreprise en 1995. J'ai à ce jour partagé des sujets qui se sont tous fondés sur la réalisation de soi, tels l'abondance, la communication efficace avec soi et les autres, la gestion des émotions et du stress, la santé, les relations affectives et la joie de vivre. J'œuvre sur la scène internationale, autant sur Internet qu'à former du personnel au sein de grandes entreprises et dans de nombreux organismes, sans oublier le grand public.

Une enfance où les économies prédominaient

J'ai grandi dans une ferme, au fond de la campagne profonde, et la simplicité était valorisée. J'ai vu mes parents travailler dur, à la sueur de leur front, pour gagner leur argent, et ce, sept jours sur sept, sans compter les heures. Dans ma perception d'enfant, j'ai donc enregistré très tôt que la facilité n'est pas de ce monde.

Je voyais la déception, voire la tristesse, de mon père quand un animal malade mourait et que cela engendrait une perte financière, ou que la nature détruisait les récoltes et causait aussi des pertes. Le travail devait alors être encore plus laborieux pour compenser les imprévus. Et que dire de la journée tristement mémorable où, à l'été de mes 9 ans, nous venions de terminer la récolte des foins de peine et de misère avec un mois de retard, tellement la météo avait été défavorable. Ce soir-là, lors d'un orage d'une grande violence, un éclair a mis feu à la totalité de la grange en un instant. Désarroi et encore pertes financières pour mes parents, et du travail à la sueur de leur front à venir.

Mes parents cultivaient aussi un grand jardin pour économiser et nous offrir des produits frais, en plus des poules et du bétail qui complétaient l'autre aspect alimentaire. Ma mère réparait nos vêtements pour les prolonger, elle allait aider mon père aux champs, à l'étable, dans les coupes de bois, en plus de tenir la maison, de faire les repas, etc. Ils ne l'avaient pas facile, mais l'amour et la conscience d'une bonne éducation régnaient au sein de notre petite famille, dans laquelle je suis l'aînée de trois filles.

De là, j'ai réalisé avec les années que j'avais inconsciemment commencé à enregistrer un certain sentiment de culpabilité pour ce que je recevais.

Je voulais rembourser mes parents

Je me souviens de situations où, adolescente, je commençais à demander des vêtements spéciaux pour faire comme mes amis, où je voulais manger à la cafétéria de l'école comme eux, au lieu d'amener mon déjeuner, ou demandais un vélo, par exemple. Oh ! Pas évident. J'ai le souvenir que cela devait être autorisé par mon père, qui lui se contentait du minimum en tout. Je peux comprendre qu'il avait la conscience de devoir subvenir à nos besoins et qu'il faisait attention à l'argent gagné si difficilement. Mais dans ma tête de jeune fille, je me sentais si coupable de demander. Je passais par ma mère pour adoucir le chemin et négocier mes besoins ou désirs.

Au fil du temps, à vivre cet inconfort, j'en étais venue à me dire fermement ceci : « Quand je serai adulte, je donnerai 500 dollars à chaque Noël à mes parents pour leur rembourser ce qu'ils m'ont donné. »

On s'entend sur le fait que 500 dollars, il y a quarante ans, c'était comme 5 000 dollars et plus, aujourd'hui. De là, j'ai enregistré que, pour moi, c'était correct et agréable de donner mais pas correct de penser recevoir en fonction de mes désirs. Une sorte de brisure s'est faite en dedans. Cela ne culpabilise en rien mes parents. Tout est toujours question de perception. J'en suis même venue à appliquer ce schéma au niveau de l'aspect affectif pendant longtemps, ne me sentant pas en droit de choisir pour moi, de recevoir suffisamment de la part d'un homme. Je le répète, mon père et ma mère ont fait des merveilles pour moi, compte tenu de l'époque et de la situation. Sur le plan affectif, je me suis longtemps placée dans le rôle du pourvoyeur, afin de prouver que je pouvais m'arranger seule jusqu'à ce que je comprenne enfin mes blessures si limitatives et ces schémas inconscients.

J'ai fait de mauvais choix qui m'ont un jour minée financièrement

À travers la carrière à succès que j'ai depuis 1995, j'ai tout de même vécu quelques épisodes qui m'ont amenée à connaître des cycles bas très difficiles, suite à ce manque de respect de moi-même qui a trop longtemps duré. Donner aux autres en m'oubliant, ça allait bien, mais savoir recevoir ou m'allier à des gens qui allaient m'aider réellement à me propulser joyeusement m'était difficile, et je ne le réalisais pas encore, puisque je répétais certains scénarios malheureux.

À titre d'exemple, il m'est arrivé d'investir dans un méga projet qui était initialement celui d'une autre personne, mais pour lequel j'avais tous les signes que cela risquait d'être un échec, et je ne me suis pas écoutée. J'avais accepté que tous les risques financiers reposent sur moi. Je me suis rapidement retrouvée avec une perte majeure sans recours envers cette personne supposément partenaire. J'ai souvent eu comme mentalité de me dire *ah, c'est correct, je vais acheter la paix, je sais comment me refaire, moi.* Ouf ! Que cette croyance m'a coûté cher en argent et en manque de respect de moi !

Besoin de prouver quoi ?
Erreur d'avoir voulu réussir seule

J'ai alors réalisé, au fil des années, que ma relation avec l'argent était intimement liée à ma relation avec les hommes. Avec toute la gratitude et l'amour que je porte à mon père, décédé depuis 2004, j'ai un jour enfin pris conscience de la croyance qui faisait que je ne voulais plus jamais voir un homme travailler trop fort pour moi et me retrouver dans une situation où j'aurais à demander. J'ai aussi réalisé que mon père voulait à tout prix éviter l'endettement et cherchait à tout payer comptant le plus possible, sauf les investissements immobiliers reliés à la ferme, ce qui était sage.

Je me suis alors attiré des situations où je suis devenue celle qui payait plus souvent qu'à son tour pour les autres et dissipait ses réserves en ce sens. Comme si j'avais une culpabilité à recevoir ou une incapacité profonde. J'avais enregistré que je serais capable de subvenir seule à mes besoins, ce que j'ai toujours pu faire, mais je retenais le flot de libre circulation de l'abondance continue dans ma vie sans le réaliser. C'est un peu comme si la vie a de l'abondance pour chacun de nous, certes, mais que celle-ci circule dans un boyau et que je gardais le pied sur ce boyau, bloquant l'affluence vers moi.

Mon père n'était pas à l'aise avec les gens qui empruntaient de l'argent et ne géraient pas bien leurs comptes. On dirait que de là, avec les restrictions, j'ai fait le contraire pour tenter de me prouver que je pouvais faire autrement. Erreur, papa avait raison et maman aussi, car elle calculait si bien pour nous assurer l'essentiel. Mais ma croyance était empreinte des limitations inconscientes à respecter ad vitam aeternam.

Redéfinition de mon alignement intérieur

J'ai alors appris que, pour atteindre la réussite souhaitée, il faut s'autoriser à recevoir et à décider de vivre sa vie rêvée. Pour moi, ce fut aussi de m'autoriser à co-créer une relation de couple harmonieuse avec un homme pleinement compatible et à pouvoir avancer ensemble sur un chemin porteur d'abondance globale. De là, j'ai rencontré ce trésor.

Rien ne sert de se comparer et de regretter. On a tous fait au mieux, et parfois il faut du temps pour dénouer des choses profondément enfouies en soi. Mon histoire de vie m'a aussi amenée à vivre deux dépressions non diagnostiquées, suite à des années d'intimidation à caractère affectif et sexuel, lorsque j'étais adolescente, ainsi que bien de la dévalorisation. Une première a été vécue à 15 ans et l'autre à 30 ans, à force de porter silencieusement ces charges émotionnelles.

J'ai fait des crises d'anxiété et d'angoisse pendant plus de quinze ans, j'ai vécu avec de mystérieuses douleurs physiques pendant autant d'années, des émotions très lourdes, et aucun spécialiste ne trouvait ce que j'avais. C'est donc par des approches alternatives que j'ai pu émerger, et cela est résolu depuis plus de vingt-cinq ans maintenant.

Pour moi, l'abondance inclut entre autres la santé, la joie, l'harmonie et bien sûr l'argent. On souhaite tous le succès et l'abondance, mais encore faut-il savoir prendre soin de soi avec amour et respect pour faire place à cette énergie si créatrice et puissante. J'ai appris que, pour avoir plus d'argent, il est important d'être prêt à avoir plus d'énergie, d'estime de soi et de se choisir. Nous serions aussi appelés à être la moyenne financière des cinq personnes que l'on côtoie le plus au fil du temps. Qui fréquentez-vous ? Est-ce constructif pour votre plan de prospérité ?

Mes nouvelles décisions

Ces prises de conscience furent comme de véritables révélations pour moi. J'ai réalisé que personne ne m'avait imposé d'avoir honte de moi à cause de l'intimidation, de ressentir de la culpabilité face à l'argent et d'être la sauveuse du monde pour les autres, à mon propre détriment. Avec mes croyances limitatives, j'en arrivais à vivre du surmenage, à ne pas vouloir dépendre de qui que ce soit, ce qui bloquait l'arrivée de l'abondance dans ma vie. J'ai dû laisser aller cette fausse identité et redéfinir ce qui serait dorénavant non négociable pour moi. On a tous des schémas limitatifs à transformer, et cela demande de savoir s'accueillir soi-même, sans jugement.

J'en suis arrivée à prendre la décision de me donner la priorité et de faire des choix en fonction de mon intuition, qui est devenue très forte, suite à ces expériences. J'ai tellement eu à plonger au cœur de moi pour trouver qui je suis et ce que je veux devenir, que cette relation d'amour avec moi est devenue très vibrante.

Je choisis maintenant avec qui je veux collaborer, au lieu de naviguer comme un bateau sans gouvernail et d'aider des gens qui ne veulent pas s'aider et pompent de l'énergie. Je suis une personne engagée et fiable, et j'ai appris à me dire que mes talents, mon expérience ont de la valeur et que je mérite de les honorer. Cela n'est aucunement un jugement envers qui que ce soit. J'ai juste choisi de déterminer mon client idéal, le genre d'amis que je veux et qui peuvent m'aident à grandir, au lieu de me laisser tirer vers le bas. De là, tout a changé. Cet enracinement profond a transformé ma relation avec l'argent, avec moi-même et avec mon environnement.

Plusieurs se limitent sans le réaliser

Je me souviens d'un homme d'affaires qui assistait à un de mes séminaires sur l'abondance, il y a plusieurs années. Après avoir répondu mentalement à certaines questions posées, il a mentionné au groupe qu'il venait de comprendre pourquoi il n'arrivait pas à dépasser tel montant de revenus depuis tant d'années.

Je venais de leur demander de réfléchir à ceci. « Imaginez-vous que, durant la prochaine année, vous pourriez choisir le montant d'argent que vous pouvez recevoir. Quel est spontanément le montant qui vous vient en tête ? » Cet homme a immédiatement vu en tête le montant correspondant à ce qu'il gagnait depuis des années, sans plus. Il en était ému. Je leur ai alors dit que le montant qui leur était venu à l'esprit correspondait au montant auquel ils s'évaluent. Ils étaient stupéfaits.

Je leur ai aussi demandé ce qu'ils feraient comme métier si

l'argent n'existait pas et qu'ils avaient un métier à choisir pour être utiles socialement. Une majorité de gens ne feraient pas leur travail actuel, ils changeraient d'orientation. Je le vois encore dans de multiples conférences que je donne. L'abondance manifestée est donc un dérivé des talents uniques et des passions mises en action.

Il est important de préciser ce qu'on veut et d'agir. Qu'est-ce qui vous passionne le plus ? Quel sont vos talents les plus vibrants ? De quoi êtes-vous le plus fier dans votre vie ? Visualisez ce que vous désirez réellement et non ce que vous pensez pouvoir obtenir.

Mon histoire de réussite et l'écoute de mon intuition

De mon côté, je vous raconte comment j'en suis venue à me positionner et à réussir de plus en plus. J'ai œuvré pendant onze ans en diététique avant de pratiquer mon métier actuel, depuis 1995. Me sentant plafonnée et ayant réussi à me sortir des années de souffrance, suite à quatre ans de formation en parallèle à mon premier métier, j'ai écouté la pulsion de vie qui m'invitait à créer mon travail de toutes pièces.

J'ai donc commencé à dispenser des cours en développement personnel au sein du grand public, avant de faire un virage vers les entreprises, au sein du personnel des milieux hospitaliers, scolaires, gouvernementaux, de colloques, de congrès et autres.

En 2004, je publiais mes deux premiers livres d'une série de sept à ce jour. C'était aussi une puissante intuition présente depuis longtemps, qui me faisait pressentir que j'allais devenir une auteure. Toutefois, je ne savais pas tellement comment j'allais m'y prendre.

Je me suis alors visualisée en action et demandant à l'Univers d'être guidée vers la ou les bonnes opportunités. Un après-midi de l'été 2003, j'étais au volant de ma voiture et j'ai ressenti une puissante intuition qui m'a commandé d'aller prendre un breuvage au restaurant. C'était tellement fort. Je me suis rendue à ce rendez-vous avec moi-même.

Je me souviendrai toujours de ce moment qui allait transformer le cours de ma carrière. J'ai regardé le journal, ce que je ne fais pratiquement jamais, mais cette fois-là, ma petite voix me dictait également de faire cela. À la page 11 du *Journal de Montréal*, un éditeur avait une publicité mentionnant : « Nous sommes à la recherche d'auteurs dans le domaine de... » C'était exactement ces thèmes que je voulais exploiter dans un premier livre. J'ai donc apporté cette annonce avec moi et pris contact avec l'éditeur, le soir même. Ma proposition avait été si vibrante, que vingt-quatre heures plus tard j'étais invitée à aller signer le contrat. J'ai publié sept livres avec cette maison d'édition avant de reprendre tous mes droits et de fonder ma propre maison d'édition pour mes ouvrages seulement.

Je tiens à préciser qu'une fois mon premier livre publié je n'arrivais quasiment plus à faire des entrevues à la télé, à la radio et pour différents journaux et magazines. Cette carte de visite venait de me propulser comme une des conférencières les plus recherchées au Québec.

De là, un deuxième livre était publié, quelques mois plus tard, et devenait aussi un best-seller en trois semaines. J'avais utilisé mes talents uniques, mes passions et mes actions pour les mettre au service de mon abondance, mais surtout au service de la société, en faisant ce que j'aime vraiment.

En 2007, je ressentais une pulsion qui me disait qu'il était temps pour moi d'aller œuvrer en France avec mes conférences. J'étais déjà allée présenter des conférences en Suisse, mais je n'avais aucun contact en France. Je me suis alors fait un plan de visualisation avec ce que je voulais. La région de Paris et de la vallée de la Loire m'attiraient plus particulièrement pour différentes raisons, alors j'espérais pouvoir aller dans ces beaux coins de pays. Je m'étais mis une date de réalisation approximative comme je fais souvent.

En janvier 2008, j'ai reçu un courriel, et le monsieur me disait ceci : « Seriez-vous disponible pour venir faire une conférence pour un congrès à Laval, en avril ? » Je pensais que c'était du côté de Laval, la ville adjacente à Montréal, au Québec. Je lui ai demandé de me donner un numéro de téléphone pour pouvoir le rappeler et discuter de vive voix. À ma grande surprise, le numéro reçu était de la France !

En avril 2008, je m'envolais pour Paris et j'allais faire une tournée de quatre conférences en entreprise, en plus d'un congrès, devinez où ? Dans la vallée de la Loire ! Et depuis, je ne compte plus les allers-retours Montréal-Paris. Cette histoire d'amour avec mes cousins et cousines de la France est de plus en plus vibrante, et mon cercle d'amis et de contacts ne cesse de s'agrandir.

Notre relation avec l'abondance passe par l'harmonisation de la relation avec nous-même et notre aisance à recevoir pour mieux partager. De là, je ne cesse de mettre en place de nouveaux projets d'envergure internationale, via le Web, de faire des conférences et séminaires de formation, et mes livres sont dans les mains de gens de tous les continents. Je fais ce que j'aime. J'ai du plaisir à transmettre, à savoir que je peux rejoindre un maximum de gens et les aider à être plus heureux et épanouis.

Ouvrir les canaux de la prospérité

Pour devenir prospère à tous les niveaux, on doit ouvrir les canaux de réceptivité, face à l'abondance totale. Imaginez-vous que vous allez à la rivière pour y puiser de l'eau et que vous apportez une simple cuillère comme contenant. Quelle quantité pourrez-vous rapporter ? Une seule cuillerée. Mais si vous vous y rendez avec un camion-citerne, ce sera bien différent. Une personne a aussi le choix de pêcher dans un petit ruisseau presque sec ou de se rendre au carrefour de plusieurs rivières.

Pour les canaux d'abondance, c'est la même chose. Il suffit de plonger dans l'océan des opportunités et de l'ouverture aux meilleurs, en comprenant ces grands principes de l'Univers, tels la loi d'attraction. Il serait difficile de devenir riche et heureux sans être persuadé qu'on le peut. Déployez vos antennes, faites le calme intérieur pour ressentir les signaux et intuitions, mettez-vous à l'affût des bonnes occasions, ajustez vos vibrations et vos visualisations. Par cette attitude, vous stimulerez votre créativité et votre intuition, et vous magnétiserez de plus en plus ce dont vous aurez besoin pour réussir. Apprenez à mettre du plaisir dans votre quotidien, car la joie et le rire demeurent des aimants pour la prospérité et des générateurs de vitalité.

Exercices

1/ Lister 100 « choses » qui vous inspirent ou vous feraient plaisir
Laissez aller vos pensées librement en pensant à ce qui vous ferait plaisir, peu importe le prix. Le but est de créer un impact d'abondance dans votre esprit. Si vous étiez habitué de vous contenter de peu, cet exercice créera un grand impact vers une ouverture au meilleur.

Vous pouvez y lister ce qui est prioritaire pour vous, ce qui vous allumerait ou qui vous donnerait de la joie.

Qu'aimeriez-vous faire comme activité inédite ? Aller à la station spatiale internationale, faire un voyage à tel endroit ? Spécifiez.

Qu'est-ce qui vous ferait du bien ? Aller voir un ami, prendre tel type de repas, être heureux en amour ? Spécifiez.

Écrivez au moins cent éléments différents. Par la suite, réduisez le tout à dix choses qui vous tiennent particulièrement à cœur, et ensuite à 3, et peut-être même à une seule, qui deviendra votre objectif principal à atteindre.

Plus vous écrivez d'éléments qui vous font vibrer, plus vous impressionnez votre subconscient, en lien avec la notion d'abondance. Vous pouvez préciser ce que voulez être, avoir, faire, posséder, partager, acquérir (confiance en soi, aspect physique, matériel, émotionnel, spirituel, etc.).

2/ Le journal de gratitude
Dans ce journal, vous dressez une liste de tout ce à quoi vous pouvez dire merci, au jour le jour. Par rapport à la vie en général, vous pouvez dire merci pour votre vie, vos yeux, votre corps dans sa globalité, votre capacité d'élocution, votre ouïe, vos ressentis, votre voiture, votre maison, vos enfants, votre partenaire de vie, votre travail, votre santé, votre joie de vivre, vos problèmes pour ce qu'ils apportent comme enseignement, vos temps libres, etc.

Après avoir fait un constat global de ce à quoi vous pouvez dire merci dans votre vie, par la suite vous pouvez écrire chaque soir ce pour quoi vous avez le goût de remercier aujourd'hui. Ça peut être de toutes petites choses bien simples ou de grandes révélations, peu importe. Assurez-vous d'y ajouter les émotions heureuses correspondantes, car elles ont un grand pouvoir d'attraction.

Voici quelques exemples :

- telle ou telle rencontre ;
- les beaux mots reçus de quelqu'un ;
- la bonne soupe chaude du repas du soir ;
- le soleil, la pluie ;
- la musique écoutée dans votre voiture ;
- une belle coïncidence ;
- si la journée fut difficile, soyez reconnaissant pour le fait qu'elle soit terminée et que vous puissiez vous reposer. Rappelez-vous de remercier pour les apprentissages qui en découlent, s'il y a lieu.

En pensant ainsi de jour en jour, tout votre être devient comme un aimant à succès puisque vous savez apprécier ce qui est. La gratitude augmente la qualité de vos vibrations tout comme la capacité d'extraire le bonheur dans les choses simples.

3/ Prenez plaisir à préciser vos désirs
Il est important que tout ce que vous écrivez, visualisez et ressentez provoque en vous un sentiment de légèreté et de potentialité véritable. Vous pourriez penser à une personne qui réussit comme vous le souhaitez et imaginer comment elle vit, comment elle se sent, ce qu'elle fait, et modeler cette énergie. C'est très puissant. Donnez vie à vos désirs.

Que voulez-vous, au niveau travail ? Une réorientation professionnelle, un retour aux études, l'expression de votre créativité, partir à votre compte, augmenter votre revenu ou votre chiffre d'affaires de tant, etc. Détaillez ce que vous voulez vraiment et les actions que vous allez poser pour y arriver, sans oublier les sensations heureuses de la réalisation en cours de processus. Ce qui n'existe pas comme possibilité dans notre conscience comme dans vos émotions heureuses ne peut pas se matérialiser.

Vous pouvez préciser ce que vous voulez, au niveau du couple, de la famille, de la santé, des loisirs.

Voici quelques questions qui favorisent l'alignement :

- que prévoyez-vous accomplir d'ici les trente prochains jours en lien avec votre ou vos principaux objectifs ?
- que voulez-vous changer ou améliorer d'ici six mois ?
- comment envisagez-vous votre vie d'ici un an ?
- qu'est-ce qui sera différent ?
- soyez clair et spécifique le plus possible ;
- trouvez le plus de raisons positives possible qui disent pourquoi c'est important pour vous de faire de l'argent, beaucoup d'argent.

4/ Si une fée vous offrait de vous transformer, que deviendriez-vous :
- quel genre de personne seriez-vous ?
- que feriez-vous ?
- où seriez-vous ?
- qu'est-ce que vous choisiriez d'accomplir ?
- qu'est-ce que vous aimeriez ou voudriez spécifiquement ?
- avec qui seriez-vous ?

Si cette même fée vous interrogeait, que répondriez-vous à ces questions :

- que pouvez-vous faire pour être satisfait et manifester un maximum d'abondance, maintenant, d'ici un an, trois ans, dix ans ?
- c'est quoi, pour vous, l'abondance ? Précisez vos valeurs, l'aspect monétaire.
- quel revenu voulez-vous atteindre et quand ?
- que comptez-vous faire pour y arriver (talents uniques, pensées positives, actions, rencontres, plans, attitudes, etc.) ?
- quel genre de logis voulez-vous ?
- quel type de vacances voulez-vous ?

- quel genre d'amis désirez-vous ?
- quel type d'activités sociales, voulez-vous ?
- comment pouvez-vous réussir en étant utile à la société ?
- qu'est-ce qui fait que vous prenez plaisir à réaliser toutes vos activités ?
- pensez-vous au manque, ou focalisez-vous votre pensée sur la gratitude et vos désirs ?
- êtes-vous prêt.e à vous engager sérieusement vers le succès et à appliquer les outils que vous découvrez ?

5/ Visualisation pour faciliter la matérialisation de vos désirs

Installez-vous confortablement et prenez quelques bonnes respirations, afin de vous relaxer profondément. Projetez-vous mentalement dans le futur, à un moment où vous aurez déjà la vie d'aisance et de plaisir que vous avez choisie. Ce futur se situe peut-être dans un mois, trois mois, six mois, un an, trois ans, mais il devient réel dans votre esprit.

Voyez la date où vous atteignez votre objectif, avec l'année précise, et voyez-vous en train de mener la vie facile que vous avez préparée. Vous êtes à l'aise financièrement, votre but est enfin réalisé. Comment vous sentez-vous ? Observez le sourire éclatant qui illumine votre visage, voyez les gens se réjouir pour vous, vous vous sentez libre en savourant la fierté de l'avoir fait.

Votre but est peut-être de changer de maison. Alors vous pouvez vous voir dans la maison de vos rêves. Vous vous voyez marcher dans la cour en observant le revêtement extérieur, l'aménagement paysager, la vue tout autour et toutes les caractéristiques de cette maison. Vous ouvrez la porte avec la clef que vous tenez dans vos mains. Vous sentez l'odeur qui s'en dégage, vous voyez les rayons du soleil égayer l'intérieur. Vous avancez pas à pas en faisant le tour des pièces et en y voyant de quelles couleurs elles sont peintes.

Vous entendez jouer votre musique préférée. Vous vous voyez en train de recevoir des amis et de parler de votre propriété avec satisfaction. La transaction a été sur mesure en fonction de vos désirs (prix, rapidité, délais...). Vous voyez l'emplacement des meubles, la voiture stationnée dans l'entrée ou dans le garage adjacent. Votre famille y vit avec joie et sérénité.

Vous voyez votre compte en banque et ressentez le plaisir de le voir garni avec tel montant. Vous savourez une vie sociale, familiale, amoureuse et professionnelle gratifiante. Vous êtes en parfaite santé et rempli de joie. Vous revenez progressivement dans l'instant présent en conservant les sensations de plaisir qui vont avec l'immense fierté de ressentir votre désir accompli. Vous pouvez ensuite visualiser quelles sont les étapes qui vous ont menée à cette réalisation. Le but clairement perçu devient un aimant puissant.

Pratiquez cet exercice assidûment au fil des jours, avec un ressenti merveilleux comme si tout était déjà là. Votre réalité tout autant que votre attitude mentale ne pourront faire autrement que de se transformer.

Les femmes et l'argent

Pendant des années, pour ne pas dire des générations, les seules femmes qui accédaient à la richesse étaient celles qui avaient été héritières d'un homme bien nanti. Je remarque encore aujourd'hui qu'il n'est pas toujours évident pour une femme de demander une augmentation de salaire sans anticiper les objections, sans oublier la conciliation travail-famille. Toutefois, la détermination, le leadership et le sens de l'organisation demeurent tout autant possibles pour toutes celles qui en ressentent l'élan. Pour être une personne libre et heureuse, ça prend de l'argent pour la majorité des gens.

Je fais régulièrement des sondages sur différents sujets, auprès de ma clientèle féminine. Lors d'un d'entre eux, je posais la question suivante : qu'est-ce qui vous intéresse le plus sur le plan professionnel ?

Vous verrez que les réponses surprennent.

- La santé : 18,87 %.
- L'abondance et la réussite : 7,85 %.
- La joie de vivre : 85,47 %.
- Innover vers de nouveaux projets : 7,55 %.
- Fixer clairement vos objectifs et agir pour les atteindre :

12,26 %.
- Faire beaucoup d'argent car c'est sain : 0,93 %.

Les répondantes avaient le droit de choisir plus d'une case. Elles étaient une moitié à être salariées, les autres étaient entrepreneures ou travailleuses autonomes.

Certes, ce sondage n'est pas scientifique, et les résultats dépendent du nombre de répondants, de leur statut social et autres facteurs, mais dans mon cas, les gens sont habituellement quelques centaines à répondre. Dans différents autres sondages, j'ai aussi demandé ce qui les limitait le plus dans l'ensemble de leur vie, et c'est toujours la même tendance qui s'est maintenue. Entre 70 % et 85 % des personnes ont répondu : le manque de confiance en soi et d'estime personnelle.

À la lumière de tout cela, je retiens que les femmes, et sûrement bien des hommes aussi, ont un constat à faire pour maximiser leur réussite. Il est important qu'ils se donnent les outils pour renaître à leur pleine valeur et qu'ils prennent conscience que la réussite n'a peut-être jamais été suffisamment à l'agenda, puisque les résultats de mes sondages démontrent que seulement 7,85 % des répondantes y accordaient de l'attention.

Quand on parle avec les gens, plusieurs disent vouloir davantage d'argent, d'abondance et de succès, mais il y a contradiction entre leurs propos, leurs actions ou l'autorisation intérieure qu'ils se donnent pour connaître une véritable prospérité.

Toute femme qui le désire a le pouvoir de s'épanouir pleinement dans toutes les sphères de sa vie. Le succès, ça s'apprend, et il découle de la joie de vivre qu'on décide de créer dans notre vie, en se faisant aider au besoin pour libérer les limitations intérieures et créer notre réalité en fonction de visées porteuses d'abondance, de santé, d'amour et de bonheur.

Il est important d'aimer ce qu'on fait et qui on est. De là, l'histoire de Gertrude et Thérèse, qui vont prendre un café par un bel après-midi. Gertrude demande à Thérèse depuis combien de temps elle est mariée avec Georges. Celle-ci lui répond que ça fait cinquante et un ans. Avec une allure un peu réservée, Gertrude ose lui demander si entre elle et son mari, c'est de l'amour ou de l'intérêt. Thérèse lui répond : « C'est sûrement de l'amour, parce qu'on ne s'intéresse plus du tout ! Vaut mieux en rire ! »

Sur ce, je vous souhaite d'aimer votre vie, de vous aimer pleinement, d'aimer l'argent comme la merveilleuse manifestation d'amour qu'il représente, au lieu d'être juste intéressée ici et là. Je dirais même : « Laissez la vie et l'argent vous aimer. »

www.linebolduc.com
www.realisermavie.com

GAËLLE LE REUN
Ce que vous cherchez existe

Je vais vous raconter l'histoire d'une petite fille qui avait des rêves. De grands rêves. Des rêves de grandeur. Mais comme elle n'était pas née dans une famille où on a des rêves, où on les réalise, elle a dû chercher le mode d'emploi.

Et à force de chercher, elle l'a trouvé.

On a tous grandi dans un environnement qui a conditionné notre rapport à l'argent, à la réussite, au succès et, plus largement, au bonheur. Si nous voulons accéder à notre puissance financière personnelle, il nous faut tout d'abord prendre en compte ce qui se passe de manière subconsciente, au cœur de notre système de croyances.

Qu'est-ce qu'une croyance ?

Une croyance est une hypothèse à propos de la réalité que l'on fait à un moment donné. En effet, lorsque nous sommes enfants, nous avons besoin de nous forger des sortes de règles, pour nous repérer, pour identifier comment le monde fonctionne et savoir s'y comporter. Nous analysons donc ce qui se passe dans notre vie et faisons des hypothèses. Par exemple : un soir, mon papa rentre fatigué du travail. Je constate et je fais l'hypothèse que le travail, ça peut être fatigant. Mais si l'expérience se répète soir après soir, mon hypothèse va se transformer en certitude, en vérité : le travail, c'est fatigant.

C'est à ce moment-là que se crée la croyance, qu'elle s'enracine si fortement que je vais finir par ne plus voir la réalité qu'au travers de ce filtre que je me suis créé. C'est-à-dire que, même si je rencontre des personnes qui ne sont pas fatiguées par leur travail, je ne vais même pas le voir. Puis, à mon tour, il y a de fortes chances qu'on ne me propose que des emplois fatigants, me permettant ainsi de vérifier que je suis dans le vrai avec ma croyance

« le travail, c'est fatiguant ». La boucle est bouclée.

Les croyances les plus fondamentales, celles qui vont sous-tendre tout notre système de croyances, lui donner son ossature, se mettent en place dans notre enfance, en lien avec notre environnement immédiat (parents, école, personnes proches de la famille qui ont un rôle important dans notre éducation). Tout simplement parce que l'enfant n'est pas capable de relativiser, parce qu'il n'a pas conscience qu'il existe plusieurs milliards de personnes sur Terre et sans doute autant de manières de voir la vie. Au contraire, l'enfant généralise : il érige en règles et modes de fonctionnement ce qu'il voit autour de lui. Pour faire court, l'enfant croit ce que papa et maman disent (et la maîtresse d'école aussi).

Je vous invite à prendre le temps d'attribuer une note – de 1 à 10 – aux affirmations suivantes, cela va vous aider à prendre conscience de la toile de fond de votre rapport à l'argent (1 : ça ne me correspond pas ; 10 : c'est exactement ce que je vis).

1/ L'abondance n'est pas durable chez moi. Par exemple, je reçois de l'argent de manière inattendue et j'ai à peine le temps de me réjouir de ce que je vais en faire, qu'une facture plus importante que la somme que je viens de recevoir arrive.

2/ Il faut se battre pour avoir de l'argent.

3/ La richesse, ça ne m'arrivera jamais, même si je fais tout pour que cela arrive.

4/ L'argent vient par le fait de « gagner sa vie », travailler. On doit travailler beaucoup si on veut gagner beaucoup d'argent.

5/ Je m'arrange toujours pour qu'il ne me reste rien.

6/ Je crée sans cesse des dettes car, de toute façon, il n'y en a pas assez : j'ai forcément plus de sorties que de rentrées.

7/ J'ai peur de demander plus que le minimum. Je n'ai pas assez de va-

leur pour gagner de l'argent. Je ne pourrai jamais générer suffisamment d'argent pour satisfaire tous mes besoins, mes désirs, mes rêves ; je n'en suis pas capable, ou je n'ai pas suffisamment de compétences, ou je ne le mérite pas.

8/ L'argent est au service des forces obscures de la planète.

9/ L'argent ne fait pas le bonheur.

10/ Les gens fortunés sont malhonnêtes et sans scrupules. Les gens riches abusent de la crédulité, de la naïveté, de l'ignorance des gens pour gagner de l'argent.

11/ L'argent fausse les relations humaines et attire des ennemis.

12/ Quand quelqu'un me donne son argent, il s'appauvrit.

13/ Il ne faut pas trop dépenser d'argent et en mettre de côté, car les coups durs sont très vite arrivés.

14/ La vie est trop chère, de toute façon.

15/ Tout le monde ne peut pas être riche.

16/ Les rêves sont faits pour être inaccessibles. C'est beau, de rêver, mais il faut redescendre sur terre et se contenter de ce qu'on a.

17/ L'argent est « vil ». Ce n'est pas bon, d'aimer l'argent. Si on aime l'argent, on devient vil, on privilégie l'argent au détriment des vraies valeurs telles que la générosité, l'honnêteté, la solidarité, le partage, le sens de l'être…

18/ Il n'est pas légitime de demander de l'argent pour un service que je rends aux autres, ce serait aller à l'encontre de la générosité, de la solidarité, du partage…

19/ On ne peut pas gagner sa vie en faisant ce qu'on aime.

20/ Je ne veux pas être matérialiste. Je ne veux pas rentrer dans cette so-

ciété de consommation. Je ne veux pas dépenser, car cela veut dire être matérialiste et donc superficielle.

21/ En fait, je n'ai pas tant que ça besoin d'argent.

22/ Quand on a de l'argent, on devient snob, prétentieux.

23/ L'argent attire la jalousie de la part des autres.

24/ L'argent est une façon d'exercer le pouvoir, c'est un instrument du patriarcat, système fondé sur la domination qui s'exprime par l'accaparement de richesses, de terres, parfois même d'êtres humains. Le fort domine le faible, l'homme domine la femme, l'adulte domine l'enfant, et le riche domine le pauvre.

25/ Je ne me donne pas assez de mal, je suis trop fainéante pour gagner de l'argent.

Une fois que vous aurez rempli ce tableau, reportez sur une feuille les cinq croyances qui ont la note la plus forte et faites-en un résumé. Vous savez maintenant quelle est la « couleur » de votre rapport à l'argent et ce qu'il va vous falloir dépasser.

Nos croyances se mettent en place à force d'observation de l'environnement mais aussi de petites phrases répétées et qui s'impriment avec la même efficacité qu'un mantra.

Prenez également un moment pour réfléchir aux petites phrases entendues régulièrement à propos de l'argent, de la réussite, de la place des femmes… Voici quelques exemples courants :

« Nous, on n'a pas d'argent, mais on est honnêtes. »
« On n'a rien sans rien. »
« Quand on n'a pas ce qu'on aime, on aime ce qu'on a. »
« Les riches sont malhonnêtes. »

La petite phrase que j'ai beaucoup entendue, c'est : « Faut pas péter plus haut que son cul. » Pas trop compatible avec les rêves de grandeur.

Parfois, nos croyances se mettent en place en une seule fois.

C'est le cas, lors d'événements particulièrement marquants de notre enfance, lors d'une crise, d'un choc qui vient secouer l'histoire familiale.

Une de mes clientes avait vécu dans la richesse, étant enfant, et puis du jour au lendemain, son père a tout perdu en jouant à la bourse. Ils ont vendu la villa au bord de la mer, les fourrures et les bijoux de la maman, plus de femme de ménage, etc. Elle me racontait que, sur cinq enfants, aucun n'était riche. Subconsciemment, ils se disaient tous *mieux vaut ne rien avoir car on peut tout perdre*. Et tout perdre façon « victime », sans aucune responsabilité, puisque eux étaient enfants, au moment des faits, et n'avaient rien à voir avec les boursicotages du papa.

Regardez s'il y a eu un événement familial ou dans l'entourage proche de vos parents, une situation (faillite, maladie ou décès qui entraîne des difficultés économiques) qui a pu vous marquer durablement, consciemment et subconsciemment.

Pour reprendre le fil de mon histoire, j'ai gardé mes rêves bien présents à ma conscience jusqu'à l'adolescence. Le temps passant, je me suis « résignée ». J'ai fait les études qui me plaisaient puis je suis entrée dans le monde du travail, et c'est à ce moment-là que le travail de sape qui n'avait pas eu raison de mes rêves s'est concrètement manifesté.

Comme « tout le monde », j'avais un travail, un appartement, je me suis mariée, j'ai eu un enfant. Un manque de satisfaction m'a conduite à créer ma première entreprise, dans laquelle je me sentais bien. Tout allait bien. En apparence.

Un jour, sur les conseils d'une amie, j'ai lu *Femmes qui courent avec les loups*. Le choc. La révélation. Je me suis rendu compte que la vie que je vivais était à des années-lumière de qui j'étais vraiment, très loin de mes rêves d'enfant et d'adolescente. J'étais en train de passer à côté de ma vie et je vivais une frustration immense, dont je n'avais même pas conscience.

Tout s'est alors précipité : j'ai divorcé, mon entreprise a cessé d'avoir des clients du jour au lendemain, et ma descente aux enfers a commencé. Du moins, c'est comme ça que je le voyais à l'époque. Maintenant, je dirais que c'était une décontraction nécessaire pour une reconstruction plus solide, plus durable et davantage dans l'amour de qui je suis.

Plus d'entreprise, plus d'argent, plus de logement. Je ne savais plus quoi faire de ma vie. Seule la présence de mon fils m'apportait un peu de joie. Je me suis raccrochée à ça. Et aussi à une toute petite lumière qui avait malgré tout continué à briller dans le noir : mes rêves d'enfant.

C'est ainsi qu'est arrivée à moi l'information d'un stage intitulé La Corne d'abondance, dans lequel on apprenait à passer nos commandes à l'Univers. Un stage qui avait la particularité d'être gratuit. J'y ai (re)découvert que j'aimais le luxe. J'y ai découvert également une véritable philosophie de vie, et l'idée de « vivre sa vraie vie », une vie qui nous ressemble trait pour trait, une vie dans laquelle on se sent parfaitement à l'aise, une vie qui vaut la peine d'être vécue.

Alors j'ai pris la décision de vivre ma vraie vie. J'ai commencé par la définir, point par point, puis j'ai commencé à me réaligner afin de rendre réel ce que j'avais couché sur le papier.

Je vous propose de regarder à votre tour, dans tous les domaines de votre vie, de quoi vous avez réellement envie. Quand je vous dis que j'aime le luxe, cela ne veut pas dire tout le luxe. J'aime les hôtels cinq étoiles, j'aime la gastronomie, j'aime les beaux vêtements et les chaussures haut de gamme, mais je n'ai aucune attirance pour les voitures de luxe ou les technologies de pointe, par exemple. J'aime aussi la simplicité. Je n'ai pas de frigo, pas d'aspirateur, j'aime cultiver mes légumes, embrasser les arbres. Et puis j'aime avoir les moyens financiers pour soutenir des associations auxquelles je crois.

Voici un exercice pratique pour faire le point sur votre vraie vie, pour vous permettre de concevoir concrètement votre vie sur-mesure.

Considérons les quatre domaines suivants :

A – Moi
Santé • Sommeil • Alimentation • Poids • Silhouette • Look • Vêtements • Accessoires • Développement personnel • Vie spirituelle

B – Mes relations
Couple • Enfants • Famille (d'origine) • Amis et copains • Collègues • Réseaux

C – Mon temps
Mission • Travail > Argent • Projets et apprentissages • Loisirs et voyages

D – Mon espace
Habitation • Ameublement • Équipement ménager • Audiovisuel • Informatique et communication • Modes de déplacement.

Pour chaque aspect du domaine *A – Moi*, projetez-vous à un moment dans le futur où vous vivez votre vraie vie. Où est-ce que vous en seriez ? Incluez tout ce qui existe maintenant dans votre vie et qui fait déjà partie de votre vraie vie. Répondez avec des phrases complètes et au conditionnel.
Pour chacun des aspects, posez-vous des questions comme :

Si je vivais ma vraie vie,
- je serais…
- je ferais…
- j'aurais…
- je ferais l'expérience de…
- j'aurais les moyens de…
- je créerais…
- j'irais…
- je ne me laisserais plus…
- je consacrerais la plus grande partie de mes ressources à…
- …

Faites la même chose pour chaque aspect des trois autres domaines, dans l'ordre : d'abord *B – Mes relations*, ensuite *C – Mon temps*, et enfin *D – Mon espace*.

Je vous suggère d'utiliser une feuille séparée pour chaque domaine.
Cela va vous prendre du temps. Ne faites pas cet exercice en

une seule fois, prenez un peu de temps chaque jour, pendant plusieurs jours, le temps de bien clarifier ce que vous voulez vraiment. Ce que vous voulez, vous, pas ce que vos parents voudraient pour vous, pas ce qui ferait « bien » devant les voisins ou vos collègues de travail. Juste vous. Identifiez les vrais désirs de votre cœur. Il n'y a que pour ceux-là que vous pourrez maintenir la motivation nécessaire à les réaliser. Il n'y a aussi que la manifestation de ceux-là qui vous rendra vraiment heureuse.

Une fois que c'est fait, placez vos quatre feuilles devant vous. Prenez un temps de centrage et fermez les yeux. Rouvrez les yeux et lisez vos quatre feuilles. Notez les désirs qu'il vous semble important de réaliser maintenant. Sentez ceux qui vous appellent, ceux qui cherchent à prendre vie à travers vous, ceux à propos desquels vous pouvez vous dire *il est temps que ce genre de choses m'arrive maintenant*.

Notez-les soigneusement et transformez-les en objectifs, avec des dates.

Vous avez maintenant votre plan d'action pour les semaines et les mois à venir !

C'est comme cela que j'ai procédé pour mettre en place ma vraie vie. Je me suis fixé des objectifs clairs, je suis passée à l'action, j'ai passé mes commandes à l'Univers et, en même temps, j'ai pris soin de cultiver ma philosophie de vie, j'ai pris soin de cultiver ma foi en l'abondance et en mes rêves.

J'ai aussi mis en place un rituel quotidien, auquel je ne dérogeais sous aucun prétexte. C'est inscrit dans mon emploi du temps, et c'est non négociable.

Je prends ce temps pour moi, pour ma vie, parce que je n'en ai qu'une sur cette Terre (variante spirituelle de « parce que je le vaux bien ») :

- j'allume une bougie pour symboliser que ce que je fais dans la matière trouve aussi son relais dans l'invisible et que tout ce que je vais faire là va continuer à « travailler » et à agir, même quand je serai occupée à autre chose (et que la bougie sera soufflée) ;
- je pratique la gratitude, j'écris entre trois et cinq choses pour lesquelles je ressens de la gratitude ;

- je passe une commande à l'Univers ;
- j'étudie un chapitre de *La Science de l'enrichissement*[3], de Wallace D. Wattles (https://amzn.to/2Ax56gS) – un véritable livre-ami pour garder la foi en l'abondance ;
- je passe à l'action pour faire une ou plusieurs actions qui me permettent d'aller vers la réalisation d'un ou plusieurs objectifs.

Et j'ai atteint mes objectifs. L'un après l'autre. J'ai développé ma clientèle, je suis devenue connue sur le Web, j'ai littéralement « explosé » mon chiffre d'affaires. J'ai séjourné dans des hôtels cinq étoiles, je me suis fait faire de beaux vêtements sur mesure, j'ai mangé dans de bons restaurants avec vue sur la mer et le soleil couchant, j'ai voyagé, j'ai aidé financièrement des amis dans le besoin, j'ai financé des mouvements associatifs…

Mais, mais, mais, parce que, comme dans toutes les belles histoires – les belles et néanmoins véridiques histoires, je veux dire – il y a un mais. J'avais le mode d'emploi pour atteindre le sommet. Mais je ne savais pas ce qu'il fallait faire pour y rester. J'ignorais même qu'il y avait des choses à faire et des points de vigilance à regarder attentivement.

J'ai donc commis cinq magnifiques erreurs, que j'ai à cœur de partager ici avec vous, afin qu'une fois au sommet vous ne les fassiez pas vous-mêmes.

1 / Je ne me suis pas fait coacher

Comme j'étais arrivée au sommet avec mes petits bras musclés, je pensais que le plus dur était fait et que je n'avais plus besoin de coaching. Comme j'avais atteint mes objectifs, je n'avais aucune idée que se maintenir à la position que l'on avait atteinte était un objectif en soi et nécessitait un accompagnement particulier. J'imaginais que ce n'est que lorsque l'on a des difficultés qu'il est important de se faire accompagner et aider.

Alors je vous le dis :
- rester dans la dynamique de la réussite est un objectif en soi, et il nécessite autant d'attention que de développer la

---
[3] Traduction du livre *The Science of Getting Rich*, publiée au Dauphin Blanc.

philosophie du succès quand on ne l'a pas encore ;
- il est VITAL de continuer à se faire accompagner, pour vérifier que tout continue d'aller bien et anticiper ce qui pourrait aller moins bien ;
- un business, qu'il soit en phase de démarrage, de décollage ou en vitesse de croisière, a besoin d'un œil extérieur, de quelqu'un qui vous tend un miroir pour vous aider à voir ce que vous ne pouvez pas voir seule.

2/ J'ai cru qu'une fois le succès atteint il resterait là

Eh oui, j'ai cru bien naïvement que, puisque j'avais atteint le niveau de réussite que je souhaitais (et même plus encore, j'y reviendrai), c'est que j'avais suffisamment changé mon système de croyances pour que le succès soit durable et m'accompagne « les doigts dans le nez » jusqu'à la fin de mes jours.

Alors que :
- il convient de vérifier en permanence là où vous en êtes par rapport à vos croyances ;
- dans un business, *a fortiori* en ligne, l'environnement change très vite. Vos clients n'ont pas ou plus les mêmes attentes, la concurrence s'aiguise, il suffit que FaceBook change son algorithme et vous perdez une importante source de trafic, une nouvelle réglementation se met en place, et vous devez vous adapter. Il est donc impératif d'anticiper et d'avoir une longueur d'avance, sous peine de se prendre un train de retard dans la figure et de s'en rendre compte trop tard.

3/ Je n'ai pas vu que j'étais incompétente

Ah ! La fameuse incompétence inconsciente ! Qu'est-ce que cela signifie ? Cela veut dire que l'on ne sait pas ce que l'on ne sait pas. Par exemple, si l'on ne sait pas qu'être chef d'entreprise nécessite des compétences particulières, on ne peut tout simplement pas les acquérir, puisqu'on ne sait même pas que ça existe et encore moins qu'on ne les a pas.

Venant d'un milieu de petits fonctionnaires, je n'avais aucune culture d'entreprise, je n'avais jamais entendu personne dire : « Il faut faire attention à ceci, être attentif à cela, procéder comme ceci. » Je n'avais aucune idée qu'il y avait des choses à optimiser, en termes de statuts, de fiscalité, de gestion de l'argent. Et pourtant, il y a tant à faire dans ce domaine.

J'ai cru que mon travail de développement personnel autour du succès et mon alignement personnel par rapport aux produits et services que je proposais suffirait.

Pour ne pas tomber dans ce piège, je vous recommande de :
- faire le point régulièrement sur vos compétences et vos incompétences. Pour cela, entourez-vous des bonnes personnes qui pourront vous guider ;
- une fois que vous êtes bien consciente de tout cela, vous avez deux choix possibles. Soit vous décidez de devenir compétente là où vous ne l'êtes pas et vous vous formez. Soit vous déléguez à une personne compétente, tout en vous assurant de savoir comment vous allez pouvoir vérifier ses compétences et évaluer son travail.

4/ J'ai mal délégué
Cette situation a résulté de trois choses.

La première vient de ce que je viens de dire ci-dessus : n'ayant pas conscience que j'étais incompétente sur un certain nombre de points, je n'ai pas vu que je ne savais pas déléguer et que je ne savais pas non plus « quoi déléguer, quand et comment ».

La deuxième erreur que j'ai commise, c'est de croire que tout le monde était comme moi : autonome dans son organisation et dans son travail. Je n'ai donc pas mis en place d'outils de reporting ni de gestion d'équipe.

Mais plus avant, la troisième erreur est à mon sens celle qui est la plus fondamentale : je n'ai pas défini à l'avance la dimension de l'entreprise que je souhaitais. Le succès m'est en quelque sorte « tombé » dessus, assez rapidement et presque sans que je m'en rende compte. Il m'a donc fallu m'adapter « sur le tas », dans l'urgence, ce qui n'est jamais une bonne chose. Pour vous donner un ordre d'idées, je ne parvenais même plus à répondre à mes mails, même en y passant mes journées et une bonne partie de mes nuits. J'avais mis en place tellement de moyens de paiement et d'échelonnement de paiement différents pour arranger mes clients que je ne m'y retrouvais pas : je ne savais plus qui avait payé quoi, quand, comment, et le solde dû.

Si vous ne voulez pas vous laisser déborder par le succès :
- réfléchissez bien en amont à la taille que vous voulez donner à votre entreprise, en fonction de ce que vous voulez, en fonction des contraintes que vous êtes d'accord pour assumer. Il y en a toujours. Par exemple, lorsque votre logement est sale, vous avez deux possibilités. Soit vous faites le ménage vous-même, soit vous engagez une femme de ménage. Avec cette deuxième option, il vous faut recruter la femme de ménage, la manager et gérer ce qui va avec (administration, congés, maladies...). Pour votre business, c'est pareil, définissez le chiffre d'affaires que vous êtes capable de gérer facilement et le type d'entreprise à la tête de laquelle vous vous sentirez bien ;
- gardez sous votre contrôle les postes-clés – comptabilité et suivi des paiements, gestion de l'équipe ;
- si vous ne voulez pas gérer d'équipe, arrangez-vous pour avoir un niveau de business que vous pouvez gérer seule. Augmentez vos prix pour augmenter votre rentabilité, au lieu d'augmenter votre chiffre d'affaires, ce qui va vous conduire à augmenter vos charges et peut-être à baisser votre marge ;
- mettez en place des outils de reporting avec votre équipe qui peuvent être sous différentes formes, telles que des réunions d'équipe, un rendez-vous hebdomadaire avec chacun, des tableaux de tâches à remplir, etc.

5/ Je n'ai pas managé mon équipe

Comme je le disais plus haut, j'ai été amenée à recruter une équipe dans l'urgence, simplement pour me décharger de ce que je n'arrivais plus à faire, sans la conscience que déléguer et gérer une équipe requérait un savoir-faire particulier et que je ne l'avais pas.

Pour que votre entreprise ne se transforme pas en un « grand n'importe quoi » :
- assurez-vous de vouloir gérer une équipe, c'est-à-dire que vous devez savoir si, oui ou non, vous souhaitez avoir une entreprise qui nécessite d'autres personnes que vous. Vali-

dez la taille d'équipe que vous voulez et sachez gérer pour qu'entreprendre reste à la fois un plaisir et garde tout son sens, le sens qui vous animait quand vous avez créé votre business ;
- définissez bien, en vous faisant accompagner si besoin, les postes à créer. Faites-le dans l'ordre de vos besoins et de vos souhaits de délégation (à tel palier de chiffre d'affaires ou de volume d'activité correspond tel type de délégation).
- recrutez votre équipe en fonction de votre style. Au-delà des fiches de poste (ce que vous voulez que la personne fasse), définissez les qualités personnelles et professionnelles que la personne doit avoir pour que vous vous sentiez bien avec elle et qu'elle se sente bien dans votre entreprise.
- managez votre équipe. Apprenez à le faire si vous sentez que vous n'êtes pas à l'aise dans ce rôle. Au besoin, repositionnez la taille de votre entreprise et réévaluez les compétences et les attitudes que vous attendez de votre équipe.

6/ J'ai oublié de vérifier régulièrement mon « grand pourquoi »

J'ai développé mon entreprise sur un message qui était vraiment le mien, que je m'étais approprié, tant sur le fond que sur la forme. Mais le temps passant, j'ai évidemment évolué. J'ai aussi oublié de prendre en compte que je suis une défricheuse, que je m'ennuie très vite, de telle sorte que je n'ai jamais fait plus de trois ans le même métier. De nombreux signes étaient là, pourtant : fatigue, baisse de motivation, difficulté à m'occuper de mes clients. Bref, je m'ennuyais. Là où j'avais simplement mon message à faire passer, j'avais l'impression de créer des produits pour vendre. Tout ça parce que je n'ai pas vérifié régulièrement que j'étais encore dans mon axe. Le nez dans le guidon, avec une équipe à payer, des clients à satisfaire, une boîte à faire tourner, on peut vite s'oublier. Et oublier le sens de ce que l'on fait, pourquoi on a choisi cette voie-là. On est dans le « comment » et on perd de vue son « pourquoi ».

Une question toute simple permet de se rendre compte si on est aligné sur son grand pourquoi, sur sa raison d'être : *est-ce que, si je ne devais pas gagner d'argent, je ferais ce que je fais ?*

Si la réponse est oui, c'est-à-dire que vous aimez tellement ce que vous faites que vous le feriez même si vous n'étiez pas payée pour ça, alors bravo, continuez ! Cette réponse doit même être un grand OUI, un « yesssss » avec plein de *s* à la fin.

Si la réponse est « je ne sais pas trop », vous êtes déjà sur la mauvaise pente.

Et si la réponse est non, il y a fort à parier que, même si vous gagnez bien votre vie, d'une part ça ne va pas durer, et d'autre part vous allez bientôt sentir que vous n'êtes plus à votre place. Or, si vous avez lancé votre business, c'est justement pour prendre votre place dans ce monde. Vous allez perdre votre raison d'être, qui est une des causes majeures du burn out et autres joyeux problèmes de santé. Réagissez avant qu'il ne soit trop tard.

7/ Je n'ai pas géré l'argent

C'est quelque chose qui découle de deux autres points que j'ai déjà nommés, incompétence inconsciente et croyance que l'argent allait continuer de couler à flots sans discontinuer.

Pour éviter cet écueil, faites le point sur vos compétences, formez-vous et entourez-vous des personnes qui sauront vous conseiller efficacement. Un bon moyen de rencontrer les bonnes personnes est de faire partie de mastermind ou d'association de chefs, vous aurez ainsi toutes les chances, non seulement, d'être bien entourée, mais d'avoir accès à des professionnels de qualité qui sauront vous conseiller là où vous en aurez besoin.

Alors quand on est là, qu'est-ce qu'on fait ? On décide d'ouvrir les yeux et de regarder ce qui va et ce qui ne va pas. On reprend les bases qui nous ont mené au succès, on retrouve son grand pourquoi, on travaille sur soi et sur l'abondance.

Et on se fait coacher et accompagner dans tous les domaines !

Quelles leçons tirer de tout cela ? Les deux mots que je retire de cette aventure entrepreneuriale qui a été la mienne sont les suivants : humilité et amour de soi.

Humilité, parce que l'échec n'existe pas, la seule réalité sont les apprentissages que la vie nous offre. Comme disait Gandhi : « La vie n'est pas une série de problèmes à résoudre, c'est un mystère à vivre. » Les épreuves ne sont pas des épreuves mais des occasions de s'aimer et de grandir, et lorsqu'on accepte de les traverser comme autant de parcours initiatiques, alors plus rien ne peut nous atteindre, et nous pouvons sereinement reprendre la route de nos rêves.

J'ai donc tout tranquillement repris la mienne, portée par ces deux phrases de Belva Davis qui m'ont conduite au sommet : « N'ayez pas peur de l'espace entre la réalité et votre rêve. Si vous pouvez le rêver, vous pouvez le réaliser. »

J'ai retrouvé mon fil conducteur, avec un message plus spirituel qui colle avec qui je suis devenue et m'applique à me syntoniser chaque jour sur l'énergie de l'abondance.

Pour conclure ce chapitre qui m'a été confié, je vais terminer sur une des questions posées par Maryline et Marcelle, lorsqu'elles m'ont demandé de rédiger un chapitre de ce livre.

Quelle est ma vision du pouvoir financier féminin, à l'avenir ?

Accéder à son pouvoir financier, c'est d'abord accéder à son pouvoir, accéder à sa puissance personnelle. C'est la première étape. Avant de mettre le cap sur l'argent, il faut d'abord décider de mettre le cap sur une vie gratifiante à tous les niveaux, se donner cette autorisation, cet objectif.

Et décider, c'est mettre en œuvre.

Si j'ai soif et que je ne fais rien, dix minutes plus tard, je vais toujours avoir soif. Si je veux étancher ma soif, je vais mettre des choses en pratique : me lever, aller chercher un verre, ouvrir le robinet, verser de l'eau dans le verre, le porter à mes lèvres et boire. Si je ne veux pas « faire » quelque chose, je dois au minimum demander à quelqu'un qui est à portée de ma voix de m'apporter un verre d'eau. J'ai de toute façon agi pour atteindre mon objectif.

Pour accéder à votre puissance financière, à une vie qui a du sens pour vous, à une vie gratifiante, il va aussi falloir passer à l'action, une fois votre décision prise d'y aller.

Mettez en œuvre chaque jour ce qui est possible pour vous créer une vie qui vous ressemble et les finances qui vont avec.

Peu importe les embûches sur le chemin. Il y en a. Il y en aura. Nous en avons toutes eu. Nous avons toutes été blessées par la vie, à un degré ou à un autre. Mais celles qui ont accédé à leur puissance ont su dépasser ces embûches et ces épreuves. Elles s'en sont donné les moyens.

Continuez jusqu'à ce que vous trouviez.

Continuez jusqu'à ce que vous trouviez.

Continuez jusqu'à ce que vous trouviez.

Non, non, ce n'est pas une erreur d'impression, cette phrase est bien écrite trois fois. Je pourrais même l'écrire dix fois, tant j'ai reçu de clientes qui me disaient : « J'ai cherché, mais je n'ai pas trouvé. » Et pourtant, ce n'est pas parce que ce qu'elles cherchent n'existe pas. C'est parce qu'elles ont arrêté de cherché avant d'avoir trouvé.

Ce que vous cherchez existe, alors continuez à le chercher jusqu'à ce que vous le trouviez. Vous avez toutes les ressources en vous pour y parvenir. Et plus vous puiserez dans vos ressources internes, plus vous accéderez à votre pouvoir. Plus vous développerez votre pouvoir personnel, plus vous manifesterez à l'extérieur ce que vous désirez.

KAREN VAGO
60 ans, le bel âge pour entreprendre

Je venais de passer quelques semaines avec ma mère en Suisse. Ce précieux temps ensemble allait se révéler faire partie des derniers mois de sa vie.

Au retour, je trouve une lettre recommandée m'annonçant que la personne qui rassemblait les loyers des thérapeutes partageant le cabinet dans lequel j'exerçais à Paris les gardait pour lui au lieu de les restituer au propriétaire. Et cela depuis neuf mois !

Non seulement il allait y avoir un procès, mais je n'avais plus de cabinet où travailler ni gagner ma vie.

C'était beaucoup à la fois.

Ce qui m'apparaissait comme une sacrée tuile était en réalité une chance inouïe.

Petit à petit, les solutions sont apparues. Vous allez voir.

Je suis coach et nutritionniste, et ce cabinet était mon lieu de travail, là où je voyais mes clients et par où l'essentiel de l'argent que je gagnais m'arrivait.

J'avais aussi une autre source de revenus secondaire depuis peu (et qui n'allait pas durer longtemps) : le marketing de réseau.

À défaut de me passionner, il m'a appris beaucoup de choses, notamment l'état d'esprit à avoir pour développer un business, qui chez moi était très peu développé.

Il a aussi révélé chez moi le goût du risque et aussi un certain plaisir à en prendre.

Après quatre ans, et en même temps que je disais au revoir à mon cabinet, j'ai arrêté mon activité de marketing de réseau. Cette courte aventure allait cependant être très instructive pour la suite de mon aventure avec le développement de mon activité, d'une toute nouvelle manière.

Les solutions et les idées sont venues les unes après les autres. Je n'avais pas clairement devant moi tout le déroulement de mon business plan. C'était comme si je devais d'abord mettre en place certaines choses avant que les autres se révèlent. Et cela continue encore aujourd'hui.

Après l'annonce de la fermeture du cabinet, au lieu d'en chercher un autre, j'ai eu l'idée de « recevoir » mes clients par téléphone. Les consultations, au lieu d'être en tête à tête, se faisaient à distance. Aujourd'hui, c'est très courant. En 2008, ça l'était moins, et même « impensable » selon l'avis de certains clients potentiels à qui j'annonçais ma nouvelle méthode de travailler. Je pense avoir été l'une des premières en France à pratiquer ainsi par téléphone. J'avais déjà une petite clientèle à distance, parce qu'ils habitaient en province ou à l'étranger et souhaitaient mes conseils. J'ai décidé de pratiquer de cette manière avec tous mes futurs clients.

Dans ma façon de travailler, je n'avais pas besoin de les « voir », j'entendais déjà beaucoup par la voix, beaucoup plus qu'ils n'imaginaient.

Certains étaient surpris, d'autres contrariés et d'autres encore ravis parce qu'ils n'avaient pas à se déplacer. Finalement, c'était beaucoup plus confortable ainsi pour tout le monde.

Le marketing de réseau m'avait appris autre chose aussi : l'utilisation de l'Internet. Comme je suis américaine, je suivais des coachs en MLM aux États-Unis. C'est vers mon pays que je me tourne souvent naturellement pour les informations qui vont m'inspirer.

J'ai vu que ceux qui avaient du succès avaient leur propre site Internet.

Ici, en France, les méthodes étaient encore celles du contact de personne à personne, une sorte de porte-à-porte qui, à mes yeux, semblait laborieux et plus de notre époque.

Parmi mes investigations pour « améliorer » ma méthode dans le marketing de réseau, j'ai appris qu'on pouvait faire des pub sur Google pour, petit à petit, développer une communauté de personnes intéressées par ce que l'on faisait et à qui on envoyait régulièrement une newsletter.

Et dans la foulée, j'ai aussi appris l'existence d'un service ultra connu aujourd'hui : celui de l'autorépondeur, à partir duquel on peut facilement envoyer des newsletters avec un seul clic à des centaines, des milliers ou des dizaines de milliers de personnes à la fois.

La magie était en train de s'opérer avant même que je trouve ma première business coach, qui allait me donner les outils pour me lancer. Je ne l'ai pas cherchée. Elle s'est présentée un beau jour (un très beau jour !) à moi, dans ma boîte mail.

Tout cela se passait entre 2006 et 2008. C'était le tout début du marketing Internet en France. Il n'y avait pas tout ce que vous avez aujourd'hui à votre disposition. Et j'avais 60 ans !

L'argent dans ma vie

Pendant mon enfance et mon adolescence, je peux dire que l'argent était toujours présent. Nous vivions toujours dans de très belles maisons, et mon éducation, depuis la sixième jusqu'à la terminale, s'est faite dans une école privée. Pendant six ans, notre demeure était un magnifique petit château au bord de la Loire. Nous avions des domestiques – cuisinière, jardinier, femme de ménage, etc. – et à une période, ils étaient cinq en même temps !

Mes parents recevaient beaucoup (ils sortaient aussi beaucoup), et un jour, je me souviens avoir dit bonjour à une princesse !

En Suisse, les vacances de ski en hiver et les leçons de tennis en été faisaient tout naturellement partie de ma vie.

Elle était belle, facile et généreuse. Pour moi, c'était normal.

Lorsque je me suis mariée, j'ai eu très vite des enfants et j'ai choisi de les élever sans travailler. Mon mari gagnait bien sa vie, et nous étions d'accord avec cet arrangement.

Je pensais que l'aspect matériel de ma vie serait toujours assuré, jusqu'au jour où nous avons divorcé.

Je voudrais revenir un peu en arrière. Quelques années avant mon divorce, j'avais repris des études pour devenir nutritionniste – ma passion – et je me suis installée dans un cabinet de plusieurs collaborateurs, à Paris. Ce que je gagnais à l'époque ne suffisait pas pour me permettre de vivre et encore moins entretenir le train de vie dont j'avais l'habitude. Je devais maintenant trouver un moyen intelligent pour gagner ma vie toute seule.

Je me suis rendu compte que ma relation à l'argent n'était pas des plus saines. Aussi je n'avais pas encore totalement intégré l'idée selon laquelle nous sommes le créateur de notre propre vie, par défaut ou délibérément.

C'est au cours d'une formation pour devenir coach certifiée et d'autres pour me familiariser avec le marketing sur Internet que j'ai appris qu'il existait un autre sujet d'importance : l'argent.

Je me rendais compte que je n'y connaissais rien. Ni au business ni à l'argent. C'était un sujet éloigné de mes préoccupations. Je pensais qu'il suffisait d'apprendre des nouvelles manières de faire lorsqu'on est coach et que le mode de se faire connaître était l'Internet.

Je pensais aussi qu'il suffisait d'appliquer des techniques Internet pour toucher les personnes qui allaient être intéressées par ce que j'avais à offrir.

J'ai vite compris que les « techniques » ont leurs limites et que notre état d'esprit (« *mindset* ») est tout.

Comme je n'avais jamais dû gagner ma vie moi-même, je ne pensais pas trop à l'argent. Avant, c'était les autres qui assuraient ma qualité de vie ; d'abord mes parents, ensuite mon ex-mari.

Maintenant, j'étais seule à la barre. Tout allait changer.

J'ai donc sauté sans avoir d'ailes pour voler. Comme on me l'avait dit, elles allaient pousser pendant le voyage, qui d'ailleurs continue encore aujourd'hui, dix ans plus tard.

Je pense que j'étais une des premières, peut-être la première, thérapeutes en France à utiliser l'Internet pour offrir mes services sous forme de programmes de groupes en ligne et de programmes privés par téléphone.

J'ai pris des risques financiers pour pouvoir me former auprès de business coachs américains qui formaient les coachs et thérapeutes qui voulaient développer leur activité via Internet.

Plusieurs fois, j'ai dû emprunter à ma famille et à des amis pour pouvoir suivre ces formations. Le plus difficile pour moi était de demander. Comme j'étais passionnée, motivée, et que je croyais à 100 % dans ce que je faisais, j'ai osé demander, et à chaque fois la réponse a été oui ! Même ma banque a bien voulu m'accorder un prêt, le plus important de tous.

J'ai beaucoup investi dans des formations.

L'investissement le plus important que j'ai fait s'est révélé être une erreur. Une erreur monumentale. Je n'étais pas la seule à penser la même chose de cette formation et j'ai mis quelque temps à me délester de ce ressentiment.

Quelques petits avertissements de mon intuition m'avaient pourtant mise en garde, mais j'ai écouté exclusivement mon mental qui avait peur pour moi : si je ne m'engageais pas avec cette formation-là, qu'allait devenir mon business ?

Cette somme importante était comme le symbole de mon engagement à aider le plus grand nombre à transformer leur santé et, par la même occasion, me permettre de bien vivre. C'était une formule gagnante pour les deux parties de l'équation. En tout cas, je le pensais.

C'est ça, être entrepreneur : prendre des risques et ensuite prendre ses responsabilités devant ses erreurs de jugement.

En réalité, ce n'était pas une erreur, c'était une leçon. Une parmi les nombreuses que j'ai apprises et qui sont devenues des informations que j'ai intégrées et qui ressortent sous forme d'intuitions qui me guident aujourd'hui.

Les erreurs sont inévitables, parce que les leçons sont incontournables pour avancer dans cette aventure de l'entrepreneuriat.

Tous mes coachs ont été des femmes

Notre intuition, ce que nous ressentons dans notre corps et notre cœur, pour nous, les femmes, est un outil formidable. Notre mental aussi, bien évidemment. Cependant, nous sommes dans un monde où la pensée est reine et le ressenti oublié.

Descartes a popularisé la phrase : « Je pense donc je suis. » Remplaçons-la par : « Je pense et je ressens, donc je suis. » En intégrant les deux, vous avez un duo conquérant !

Développer son activité en tant que femme doit tenir compte du fait que nous avons des aspects différents des hommes, même si nous avons aussi la capacité de réussite et de succès dans notre business et au niveau de nos finances.

Dans le monde des affaires, les femmes se sont en grande partie pliées à un monde masculin préétabli depuis des siècles. Les féministes ont œuvré, et œuvrent encore, pour l'égalité des sexes dans le monde économique, politique et social.

Intégrer nos valeurs féminines est l'étape suivante dans cette évolution. Aujourd'hui, en développant notre propre affaire, il est plus facile d'être une femme avec toute l'expression de notre côté féminin.

Faire cohabiter le féminin et le masculin dans notre quotidien est tout un art et un apprentissage que j'ai compris depuis relativement peu de temps. Il est si facile de continuer sur le mode masculin dans toutes les autres facettes de notre vie, après notre journée de businesswoman. Pour notre vie personnelle, familiale, créative et amoureuse, cette attitude peut être préjudiciable.

Le développement d'un business est une activité masculine par nature (être productif, faire ce qui doit être fait), et c'est très bien ainsi. Il faut simplement savoir en sortir. C'est à nous d'apprendre à appuyer sur l'interrupteur pour passer du mode masculin au mode féminin quand c'est approprié.

Prévoir un moment de coupure en prenant un bain parfumé ou aller respirer les roses peut être très salutaire.

C'est sans doute la raison pour laquelle, intuitivement, j'ai toujours choisi des business coachs féminins, pour être dans cette atmosphère. La première avait quelques hommes dans son groupe. Les groupes suivants étaient exclusivement féminins, et la différence était énorme.

À vous, toutes les femmes coachs dans les domaines du business, de la réussite et des finances, je souhaite beaucoup de succès. Et je vous félicite du fond du cœur de choisir cette voie dans un monde encore extrêmement masculin. Le changement de société, de ce point de vue-là, qui a commencé grâce aux féministes, n'en est qu'à ses débuts.

Les connaissances dans le domaine de la psychologie des différences, de l'attraction et de la complémentarité entre le féminin et le masculin, permettent petit à petit de réhabiliter le féminin, qui n'avait pas réellement de place dans le mouvement féministe, axé sur nos droits de femme plutôt que sur notre essence.

Si comme moi vous êtes au plus bel âge de votre vie

Lorsque j'ai décidé de passer en ligne et de devenir « p-dg » de mon entreprise, de la développer comme un business plutôt que comme un violon d'Ingres, j'avais 62 ans. C'était le début d'un nouvel apprentissage.

J'en avais déjà fait plusieurs dans ma vie : celui de mes études universitaires, celui d'épouse et de mère (les deux étaient concomitants), celui de nutritionniste et de coach, et maintenant celui-ci.

Heureusement, j'avais la santé. Après tout, c'est mon métier. Pour vous embarquer dans une telle aventure à 60 ans, si tel est votre cas, commencez par vous assurer d'avoir une santé physique et mentale (les deux sont liées !) à toute épreuve.

C'est votre roc, c'est votre fondation, c'est ce qui vous permet de tenir et de persévérer, de ne jamais abandonner votre passion au premier obstacle ou au premier découragement.

Prenez soin de vous, c'est primordial. Prévoyez dans votre agenda du temps pour votre bien-être. Respectez votre sommeil, vos temps de repos, prévoyez le temps nécessaire pour vos repas et l'exercice physique.

Développer votre activité sur Internet, comme je le fais, vous mettra dans des situations inévitables de stress. Et nous, les femmes, sommes plus vulnérables devant le stress que les hommes. Nos différents systèmes hormonaux peuvent être affectés et entraîner de nombreux symptômes.

Évitez cet écueil en faisant de votre bien-être une partie intégrante de votre emploi du temps. Certains jours, ce que vous aurez de mieux à faire pour faire avancer votre activité sera de vous occuper de vous !

Si vous êtes au même stade de votre vie que moi – officiellement « sénior » –, où j'ai commencé à *vraiment* développer mon activité, et que vous avez un projet qui vous passionne suffisamment pour le transformer en business au service des autres, faites-le. Et investissez votre argent et votre temps.

Parce que, oui, cela prendra une bonne partie de votre temps pendant lequel vous ne ferez pas autre chose. Même vos week-ends seront parfois pris, comme en ce moment même où je termine ce chapitre ! Vous devrez probablement sacrifier d'autres activités pour pouvoir vous focaliser sur ce qui va vraiment faire avancer votre activité.

Ne croyez pas les promesses de ceux qui vous font miroiter un business géré à partir d'un portable sur la plage et qui vous donnent l'impression que tout est facile.

C'est de l'effort constant.

Une autre chose qui est une constante pour moi, c'est le renouvellement régulier. Cela ne veut pas dire que je change ce que je fais. Je garde le cap, la ligne directrice générale de ce que je propose, tout en évoluant à l'intérieur de ce contexte.

Ces remises en question régulières à notre âge permettent de rester souple d'esprit.

À chaque fois que la nécessité d'une évolution pointait son nez, j'ai ressenti une baisse dans mon activité : moins de ventes, moins d'intérêt, moins d'interactions.

J'ai appris à prendre ces creux comme un signal qu'il était temps pour une nouvelle évolution. Et toujours, il s'agissait d'une évolution de moi.

Croyez en ce que vous faites, et les autres croiront en vous aussi. Développez cette certitude, cette confiance en votre produit (que ce soit des objets physiques ou un programme), comme vous développez un muscle. Chaque jour un peu.

J'ai appris avec le temps à renforcer ma confiance en moi et en ce que je propose. Ce n'était pas naturel chez moi, au départ.

Investissez, et empruntez pour cela si c'est nécessaire, dans des formations avec des business coachs qui vous inspirent. Ils ont fait le chemin avant vous et vous éviteront beaucoup de larmes.

Faites-le, même si vous ne *voyez* pas l'argent devant vos yeux. Il arrivera, quitte à devoir le demander.

Autre chose. J'ai mis quelques années à comprendre l'importance de noter mes dépenses personnelles autant que mes dépenses professionnelles. Cette discipline m'a permis de développer une intimité avec l'argent dans ma vie privée en m'occupant de lui.

Et accordez-vous de faire des erreurs. J'en ai fait des petites et des grandes. Ce sont des perles noires qui font ressortir l'éclat des perles blanches.

Prendre des décisions rapidement a été difficile pour moi, au début. J'avais un véritable handicap devant la prise de décision. Et comme tout, j'ai appris. Ne pas prendre une décision était lié à la peur de me tromper, la peur de faire une dépense inutile, la peur de dire quelque chose dans mes newsletters qui risquait d'offusquer.

J'ai appris qu'exprimer ma voix unique et personnelle avec de plus en plus de confiance et de précision était plus important que mes hésitations et mes erreurs.

Je pense sincèrement que la réussite vient de l'expression de notre « voix ». Elle s'exprime sur notre site, dans nos newsletters, sur notre compte Instagram et dans notre vie. Et elle vient du cœur.

Mon business est l'expression de ma vérité, de ce en quoi je crois, de mon point de vue et de mon expérience.

C'est une belle aventure que j'ai commencée à un âge où d'autres pensent à se retirer de la vie active. J'ai fait l'inverse. Je n'ai jamais été aussi engagée professionnellement de toute ma vie. Et cela continue.

En ce moment, je suis en plein dans une période de renouvellement (encore un !) de mes sites et de ma façon de présenter mon message, tout en faisant exactement la même chose.

Parallèlement, ma transformation personnelle continue, naturellement entraînée par le mouvement, et cela n'a pas de valeur monétaire. Quoique…

Et vous, maintenant ?

Une dernière chose. Si vous êtes passionnée par le développement personnel, vous allez pouvoir faire des économies. « Développer son propre business est une école de développement personnel en accéléré », disait l'une de mes coachs.

CHARLOTTE MARICAN
Oui, mais c'est un gros mouton !

« Oui, mais c'est un GROS mouton ! »
Cette phrase est devenue ma phrase fétiche, elle me redonne le sourire en cas de besoin et me rappelle les leçons que j'ai tirées de cette première réunion, seule, face à une directrice d'agence bancaire.

Il faut dire que rien ne me prédestinait à me retrouver dans ce bureau un jour, pour avoir ce type de discussion sur les investissements.

Enfance de l'argent ou argent de l'enfance : une base indélébile

Quand j'étais enfant, mes deux parents étaient fonctionnaires. Pour eux, quand on avait de l'argent, on le dépensait, et quand on n'en avait pas, on faisait sans. C'était d'autant plus facile que mes grands-parents maternels, des paysans, avaient donné une maison à chacun de leurs enfants. Ils n'avaient donc pas de loyer ni de remboursement d'emprunt à inclure dans leur budget, et je pense que chacun d'entre vous voit très bien la différence que cela peut faire !

Venant de la campagne et étant de fins gourmets, ils évoquaient souvent l'argent à une seule occasion : la nourriture ; celle que l'on achetait pour manger dans les grandes occasions et celle des restaurants dont ils rêvaient ! Pour moi, il était donc logique de discuter le prix de la truffe pour Noël, du foie gras des producteurs du Sud-Ouest ou du prochain étoilé qu'ils projetaient de réserver, mais de rien d'autre. Je voulais un cheval, on me disait : « O.K., mais pas de mobylette, alors ! » Et voilà : combien coûte un cheval à l'achat et à l'entretien, jamais un mot. Je rêvais d'un caniche nain ou d'un berger allemand, il arrivait un jour, et voilà !

L'argent n'avait donc aucun lien avec du stress ou de l'anxiété, juste avec une passion commune et un plaisir de partage à venir.

Et vous, vos premiers souvenirs de discussion mentionnant l'argent, c'était pour boucler le budget du mois, pour prévoir les vacances ? Etait-ce vital ou pour le plaisir ?

Et maintenant, avez-vous des questions d'argent pour la vie quotidienne, pour des questions de nécessité ou de plaisir ? Est-ce que cela engendre de l'anxiété ou est-ce que cela est juste de la gestion assez neutre des attributions du budget personnel ?

Il est important de prendre conscience de cela, car l'anxiété n'est pas toujours liée à la quantité d'argent dont on dispose mais bien plus à nos angoisses et nos peurs, et souvent ces dernières ne sont pas les nôtres. Il est important de pouvoir les rendre à leur vrai propriétaire.

Inversement, il peut être important de se rendre compte, comme ce fut mon cas, que de ne pas gérer son argent empêche d'avoir une vision claire de son budget et de son allocation dans le temps. Ne pas être stressée par l'argent, c'est bien, mais éviter de s'en occuper, c'est un frein au développement. Parler d'argent, gérer son argent, ce n'est pas mal ; c'est s'ouvrir à des possibles, donc faire des choix conscients et non pas se laisser aller au gré du vent.

Par ailleurs, étant fille unique dans une famille d'origine paysanne, l'abondance était toujours présente.

J'avais deux parents qui m'adulaient (oui, vraiment, aimer est trop fade pour exprimer ce que j'ai reçu de leur vivant). Franchement, je pense qu'aucun enfant ne veut réellement plus que ça. J'ai toujours grandi en sachant qu'ils étaient toujours là pour moi, quoi qu'il arrive, et cela est sans prix.

De plus, ma mère a toujours été hyperactive et douée comme personne de ses mains. Elle me faisait des vêtements uniques, à partir de la photo d'un film, d'une publicité dans un magazine, d'une de mes envies ou d'un patron qui lui plaisait. C'était magique.

Maintenant, je comprends qu'elle me donnait tout son talent pour transformer un morceau de tissus en robe type Benetton, ou quelques pelotes en pull type Manoukian, et cela pour quelques francs. Mais à l'époque, je savais juste que j'étais toujours à la mode, que j'avais toujours des vêtements neufs et comparables aux autres, malgré leur unicité.

De même, un bout de jardin se transformait en potager inépuisable chaque année, et les bocaux de sauce tomate, de haricots verts et autres remplissaient peu à peu les étagères à la belle saison. Nous fêtions les cerises du printemps, les figues de l'automne, allions ramasser les œufs des poules. J'ai même participé à la fabrication des saucisses, quand on tuait le cochon, et les lapins venaient du clapier. Tout déchet alimentaire finissait dans une cage pour compléter l'alimentation d'un animal.

Nous mangions une cuisine très méditerranéenne, où tomates, courgettes et aubergines jouaient avec l'huile d'olive dans bien des plats. En quittant ce cocon pour mes études, je me suis coupée de cet environnement, de ce lien à la nature et aux végétaux, sans en avoir vraiment conscience. Il y a quelque temps, comme plusieurs d'entre vous, j'ai décidé de réduire ma consommation de viande et de végétaliser mon alimentation. C'est bizarrement bien plus un retour aux sources qu'une mode ou une découverte.

Je ne m'en rendais absolument pas compte, à l'époque, mais cette autonomie alimentaire représente aussi une économie incroyable. Chaque fois que vous voulez manger des végétaux frais, et si possible en connaissant leur provenance, vous voyez votre budget augmenter d'autant. Sauf quand vous devenez producteur de persil ou d'un plan de tomate cerise qui peut même prendre place en appartement !

Je sais donc que la qualité de ce dont je dispose ne dépend pas de son prix. Mais que, si je n'agis pas pour obtenir par moi-même certaines choses, leur prix peut être très élevé. Vous pouvez payer votre tomate comme votre pull, uniquement avec de l'argent ou avec peu d'argent et beaucoup de temps. À chacun de voir comment il veut gérer telle ou telle chose, mais on peut aussi se souvenir que, parfois, se reconnecter à la terre en jardinant permet de s'offrir tant de choses variées. Vous pouvez offrir un moment de partage incroyable à vos enfants ou vos amis, vous travaillez sur la notion du temps, vous améliorez votre santé en vous connectant à un environnement riche en ions négatifs, vous travaillez la notion d'effort et de réussite et vous gagnez de beaux plats de légumes d'un prix difficile à chiffrer finalement. Vous avez un cours de spiritualité, un temps de reconnexion à vous-même et à la terre, vous faites une activité physique de plein air bonne pour votre santé, vous révisez des notions enseignées sans cours pratiques dès le jardin d'enfant (tiens, c'est drôle, ce nom, non ?) et vous faites des économies d'argent !

C'est aussi le cas du tricot, de la couture et de tant d'autres activités qui reviennent à la mode.

Certaines vont sembler naturelles à certains, et cela va être une véritable découverte pour d'autres.

En changeant d'environnement pour mes études, j'ai découvert le plaisir des musées, du cinéma et du théâtre, les bibliothèques, les conférences. Cet accès à la culture de même qu'au sport ne m'était pas naturel, et j'ai dû me construire avec ces nouveautés.

Je ne suis pas en train de vous faire un éloge du passé « c'était bien mieux avant ! »

Mon propos est plutôt de vous dire que parfois on ne prend pas conscience de ce qui se passe vraiment quand on est dans un certain schéma et que le fait d'en sortir nous permet de voir les choses différemment. Dans ce mouvement de mise en perspective, on peut soit confirmer certains choix, soit les discuter, soit décider d'en changer.

Si vous êtes un citadin coincé entre un travail de bureau, des heures de transport et l'emploi du temps de toute la famille, vous n'avez sans doute pas le même schéma de vie et pas les mêmes envies qu'un cantonnier rural, un professeur ou un gardien d'immeuble. Mais ce qui est sûr, c'est que chacun a une histoire personnelle et un schéma de vie qu'il répète et qu'il est bon d'interroger, au vu de ses envies, de ses valeurs et de ses projections d'avenir personnel et financier, entre autres.

Alors, vous en êtes où, vous, avec votre triptyque temps-argent-valeurs ? Mettez-vous bien l'argent et le temps dont vous disposez à disposition de vos valeurs, ou simplement de vos habitudes ou de celles de la société ?

Sortir de ses schémas initiaux : une aventure !

Comme vous l'avez compris, j'ai donc grandi très loin des notions d'argent et encore plus loin des notions de manque. Mais à mon arrivée dans une grande ville, j'ai vite compris que la notion d'argent devenait centrale, et ce qui a été déterminant pour moi, c'est que ce n'était pas mon argent mais celui de mes parents. Je me suis vite rendu compte que j'étais bien plus stressée quand je devais dépenser l'argent de mes parents que quand je me payais quelques choses avec l'argent que j'avais gagné.

Mais voilà, j'avais un énorme problème, c'est que tout ce que j'aimais ne rapportait pas vraiment « beaucoup » d'argent : l'enseignement, la recherche, l'éducation, la biologie…

Je voyais à côté de moi Laurent – qui allait devenir mon mari – faire des stages rémunérés là ou je devais payer mon propre matériel de travail, et avoir des dizaines de proposition d'emploi quand trouver un stage non rémunéré était pour moi très complexe.

J'ai aussi dû faire face à un autre problème bien plus grave, j'étais hors norme. Ma mère me disait : « En grandissant, tu devras apprendre à arrondir les angles. » Et mon père me disait : « Un jour, on arrive à son niveau de compétence maximum ! » J'ai donc continué mes études parce que ça marchait bien. J'ai fait une thèse, et tout à bien fonctionné, sauf… ma relation avec les chefs. Force est de constater que je n'ai pas réussi à arrondir les angles. Ma limite à moi était là.

Impossible de fermer ma bouche, de suivre des ordres docilement s'ils ne me paraissaient pas acceptables. En recherche, ça veut dire pas de soutien, donc pas de poste ! Alors qu'est-ce que je pouvais faire ?

Comme j'avais toujours donné des cours de SVT, j'ai décidé de me tourner vers l'enseignement, parce que je voulais vraiment gagner de l'argent pour le dépenser sans stress. Dès la première année, je faisais partie d'un jury d'oral de bac et j'avais réussi l'écrit du Capes. Mais là encore, mes limites m'ont rattrapée. Je ne pouvais pas faire ce qui me semblait le mieux pour mes élèves, et c'était insupportable. Je ne me suis jamais présentée à l'oral du Capes et je suis partie en fac de psycho. Je pensais ainsi être plus libre et plus capable d'aider ces enfants que j'avais eus comme élèves. Je suis restée prof dans des collèges privés pendant ce temps, fait de la recherche à l'hôpital Cochin en plus de mon stage pratique. L'argent n'était pas un problème, mais j'en gagnais peu, alors que, même en faisant des formations de haut niveau hors de prix, Laurent avait des postes de plus en plus importants et un salaire confortable. Tout roulait pour nous, mais pour moi...

Et puis l'école pour enfants hors normes dans laquelle je ne travaillais que quelques heures a fermé ses portes. Ma collègue de français et moi, nous étions vraiment affectées par la disparition de ce lieu d'accueil pour ces enfants hors normes qui ne trouvaient pas leur place dans le système classique.

Là, mon destin a basculé.

J'ai accepté de ne plus gagner d'argent directement.

Soutenu par Laurent, enceinte de mon fils, j'ai dit O.K. pour me lancer dans l'aventure entrepreneuriale !

À quatre – Laurent, Marie (la prof de français), Thierry (son époux) et moi –, nous avons ouvert une école sous forme de SARL et monté une SCI pour acheter les locaux de l'école. Fini, le salaire fixe et les horaires fixes, je me suis jetée dans le bain de l'inconnu, et de façon très étrange, mes parents, fonctionnaires de toujours, nous ont soutenus de toutes leurs faibles économies.

Et pendant quelques années, j'étais payée en morceau d'école. Laurent et moi touchions les intérêts du prêt que nous avions fait à l'école ainsi que mes parents. Pour la première fois de ma vie je touchais du doigt l'entreprise, les revenus passifs, les investissements, la comptabilité, la liberté mais aussi le stress de l'argent, des remboursements, de la responsabilité de l'entreprise pour les clients et les salariés, et la direction partagée.

Je me suis lancée par passion pour le projet avec une énorme insouciance, une confiance totale dans les capacités de Laurent en business, et ce fut un formidable voyage initiatique.

Je ne suis plus jamais revenue en arrière. Quelques années après, Laurent pouvait aussi faire ce choix, car il avait mis en place une belle entreprise. Au vu du développement de son projet et de la liberté que j'avais grâce à l'école, j'ai pu l'aider. Son aventure est devenue notre entreprise en même temps que notre vie est devenue une vie de famille. Deux enfants atypiques au milieu d'une vie qui le devenait aussi. Il y a eu des moments complexes, tout autant personnels que professionnels. Et donc une grande décision : changement de pays et changement d'orientation professionnelle.

Entre innovation, apprentissage et construction, un élément déjà bien présent dans nos vies a finalement pris le pouvoir sur mon emploi du temps. Si le business est si labile, si la vie est si imprévisible, si nos choix sont sans garantie de résultat, alors il fallait travailler sérieusement notre sécurité financière. Il fallait se mettre au travail sur un nouveau plan de notre évolution après l'entreprise, les investissements.

Investir une nouvelle étape

Quand on n'a aucune formation financière, que faire ? J'étais capable de gérer les banques pour le travail de l'entreprise, mais les produits financiers, la bourse et autres me terrifiaient. Nous avions commencé à nous intéresser à l'immobilier, alors tout naturellement j'ai essayé de me former, j'ai pris un coaching personnel et j'ai essayé. Et franchement, j'ai eu peur et je ne me sentais pas à la hauteur. Et puis j'ai compris que l'immobilier était en fait une histoire de pierres, de temps et de gens.

J'ai toujours aimé les gens, enfin pas tous les gens, mon caractère un peu brut ne me le permet pas. Mais là, grâce à quelques belles rencontres, l'immobilier est devenu moins stressant, plus humain, plus à ma portée dans mes projections. Je suis passée d'une simple signature sur un bout de papier chez un notaire inconnu à une personne connue par l'agent immobilier, puis son agence, et même le notaire, à qui j'aime amener des chouquettes ou des gâteaux apéros, en fonction de nos heures de signature.

Moi qui, au début de l'entreprise, devais me faire traduire par Laurent le moindre de nos investissements en nombre de voiture, qui n'avais aucune capacité à penser au-delà des 10 000 euros, je me suis mise à comparer les investissements et les prix des travaux. Nous sommes passés d'un appartement de plus 100 000 euros à Lyon à un immeuble de plus de 300 000 euros à Saint-Étienne. Et maintenant, j'ai vu passer des réfections d'appartement de 20 000 euros, comme des travaux de construction de dix studios à plus de 200 000 euros. Pour moi, ce qu'il y a derrière, c'est combien de capital est immobilisé et combien la société gagne par mois ou par an.

Depuis que je suis au cœur de l'action, les chiffres avec plein de zéros me sont devenus des réalités, des quantités appréhendables.

Un bon exercice pour se débloquer face à l'argent est de faire des jeux de changement d'échelle.

Qu'a-t-on pour 1 euro, et combien de temps met-on à le gagner ? Comment faire ? Et pour 10 euros ? Pour 100 euros ? Pour 1 000 euros ? Pour 10 000euros ? Pour 100 000 euros ? Pour 1 000 000 euros ?

Je vous assure que c'est important d'être fluide avec ça, même si vous gagnez le Smic ou si votre compte bancaire est à zéro en fin de mois. Si vous ne vous projetez jamais dans d'autres sphères, vous ne les atteindrez jamais. Et avancer sur le chemin de la liberté financière passe par là : sortir du moment où vous échangez votre temps contre de l'argent.

Un ami rencontré sur le chemin de l'entreprise et des investissements s'est, lui, lancé très jeune dans la bourse pour gagner de l'argent et il s'en est très bien sorti.

La seule solution, c'est faire

Pourquoi nous allons être plus attiré par ceci ou cela ? Je ne sais pas. La pierre, c'est rassurant pour certains, lourd et plombant pour d'autres. Je n'aurais sans doute jamais franchi le pas si j'avais dû investir derrière un écran, seule. Pour certains, seule la possibilité de n'avoir affaire qu'avec eux-mêmes les libère du stress de l'investissement. Car, oui, il faut le dire, c'est stressant. Chaque fois que vous décidez d'un investissement, vous pouvez perdre de l'argent. C'est un fait. Mais ne rien faire vous laisse totalement dépendant de structures et d'événements sur lesquels vous n'avez pas de prise.

Pour en revenir à mes grands-parents maternels, ils ont fini leur vie avec nous. Leur pension d'agriculteur ne permettait pas de payer une maison de retraite, qu'ils n'auraient jamais supportée de toute façon, ni des aides à domicile pour les accompagner. La grande frayeur de mes parents était de se retrouver dans la même situation. Et ils avaient bien raison. Leur gestion les avait amenés, à l'âge de la retraite, à avoir deux grandes maisons en très mauvais état, et si leur pension de retraite était suffisante pour vivre, elle ne l'était pas pour entretenir leur propriété. Quand la baie vitrée de la maison est tombée, c'est nous qui avons payé la réparation, car mon père n'avait pas les 5 000 euros nécessaires.

Je n'aurais jamais pu le faire si j'avais suivi leur chemin, si Laurent n'était pas un génie du business et si nous n'avions pas construit notre vie pour pouvoir parer à cela et au reste. Mais est-ce que cela faisait de moi une méchante « riche », une arrogante qui peut payer ?

Argent méchant ou argent agissant ?

Avoir de l'argent paraît obscène, les gens riches sont forcément des méchants patrons ou des arnaqueurs. Ce ne sont pas des gens « normaux ». N'est-ce pas ? Et pourtant…

Pourtant, je pense avoir travaillé dur sans jamais me plaindre et sans jamais avoir rien attendu de quiconque. Quand j'ai fait des erreurs, quand j'ai fait de mauvais choix, j'ai accepté les conséquences ennuyeuses ou lourdement handicapantes et j'ai continué à avancer. Nous avons toujours géré nos finances et notre vie avec des bases claires : nous sommes locataires d'un appartement, une grande partie de l'argent de la société sert à faire des investissements pour prévoir l'avenir de celle-ci et les salaires des gens avec qui nous travaillons, notre salaire est minimum (parce que nous sommes en Andorre, en France, nous n'en avions pas pour ne pas peser sur la dynamique de l'entreprise). J'ai une voiture de luxe car je suis en permanence sur la route et que ma santé en pâtissait. Alors que, quand on vivait à Paris, nous n'avions pas de voiture. J'ai compris et accepté que, maintenant, c'était un investissement important puisque je gagnais en temps de travail en étant en forme malgré la route (merci encore, Laurent !) Oui, j'ai appris quand dépenser de l'argent était un investissement – le marketing et l'innovation pour la société, une routière confortable et des heures de ménage pour moi – et quand cela n'était pas rentable – publicité non rentable ou pantalon très in que je ne porterai jamais, mais qui est pourtant magnifique.

Je travaille au quotidien pour ne pas dépenser « bêtement », j'essaye de prendre en compte le temps que j'ai réellement, ce que j'aime et ce que je peux faire. C'est aussi important pour choisir un investissement futur que son repas de midi !

En fait, si j'en suis là, c'est surtout parce que je sais que je ne serais pas plus heureuse avec plus d'objets ou de possessions. Mon style de vie ne s'adapte pas à profiter de certaines choses, c'est ainsi. Je suis souvent en déplacement, je suis incapable de préparer des repas ou des soirées entre amis. Je n'ai donc pas de grande table ni de beaux couverts. Je ne me sens pas en manque de beaux services de porcelaine ou de cristal. Je suis ainsi.

Et encore une fois, peu importe que vous soyez comme ceci ou comme cela, mais cependant, le savoir aide énormément. Si vous êtes heureux en allant à pied à votre travail et en faisant de super soirées avec vos amis, c'est top, adaptez-vous simplement à vous. Ne suivez pas des obligations venues d'ailleurs.

Après quelques expériences immobilières classiques (location nue, location en meublé, colocation et location courte durée), je discutais avec mon agent immobilier de mon envie de tenter les locaux professionnels.

Après quelques recherches, Thomas, mon chasseur d'affaire stéphanois, revient vers moi avec comme proposition les murs d'une boulangerie. Il m'explique que le locataire a refait les locaux à neuf, il y a peu de temps (quel futur propriétaire ne rêve pas de ça ?), et que maintenant il n'a plus d'argent pour acheter. Bien sûr, il est aussi très inquiet du nouveau propriétaire, car il ne voudrait pas perdre un local dans lequel il a tant investi. Alors pourquoi ce bien finit-il comme une proposition pour une résidente andorrane et pas dans le portefeuille d'un stéphanois bien informé ? Au fil de la conversation, Thomas m'indique rapidement que la localisation du bien pourrait poser un problème à certains, car la boulangerie est le seul commerce qui tient bon dans un quartier « cité » très populaire. Mais qu'elle est donc le seul lieu de rencontre et que c'est un commerce très dynamique (sans cela, le boulanger n'aurait pas investi autant dans une rénovation, bien sûr). Est-ce que ça me pose un problème ? Sincèrement, non. Est-ce étrange comme réaction ? Visiblement, oui. Techniquement et financièrement, tous les voyants sont au vert, mais les autres investisseurs préfèrent attendre un autre bien plus au centre, plus classique.

Voilà comment j'ai compris le pouvoir de l'investissement. Quand vous investissez votre argent, vous faites des choix, vous prenez position, vous vous engagez. Et cela est autant financier que sociétal.

Parce que j'ai décidé de faire confiance, un quartier a pu garder son boulanger et sa boulangerie, et une veuve a pu se rapprocher de ses enfants. C'est peu, bien sûr, mais j'ai aimé ce rôle de colibri. Quand vous faites le choix dans une station de ski de refaire complètement un appartement plutôt que de le louer dans un état lamentable, juste parce que « de toute façon ça se louera ! », quand on choisit d'avoir des appartements en colocation avec des salles de bains individuelles, quand on choisit un bien dont la gestion du dossier va être complexe car il y a mise sous tutelle et que personne ne veut prendre le risque, vous choisissez. Grace à notre travail, grâce à nos choix, je peux me permettre ces choix, je peux dire à un travailleur acharné qui aime son travail et sa communauté « ayez confiance, vous pouvez continuer », à une famille « ce sera long mais ça ira, vous allez sortir de là », à des étudiants « vous n'avez pas un studio mais vous avez une intimité préservée ».

Bien sûr, que je choisis des projets rentables. Bien sûr, que je vérifie mes taux de rendement et que je calcule mon risque, mais je suis contente de pouvoir agir ainsi – agir sur l'économie d'une famille, d'un quartier et d'une ville. À ma petite échelle de colibri, mais agir quand même !

Vous devez savoir que notre argent et nos actions ont beaucoup de pouvoir. Acheter ou pas telle ou telle marque, choisir un panier paysan, chercher une filière locale, se regrouper avec d'autres ou pas, chacun de vos choix a des conséquences. Si on agit tous en conscience, à notre échelle, nous commençons à reprendre du pouvoir, même sur notre vie !

De la même façon, j'ai investi dans l'art et la sécurité. Oui, je suis la reine du grand écart. Mais pouvoir acheter un tableau à une artiste locale inconnue, lors d'une soirée de réveillon, comme à une connaissance infopreneure, suite à une exposition, parce que le tableau vous touche, c'est une liberté et un choix. De même, nous pensons que la sécurité personnelle va être un gros sujet dans les années à venir. Nous avons donc investi dans une société de sécurité, dans le but de travailler plus en profondeur la qualité des formations des agents et d'avoir un meilleur suivi des clients. Apporter dans un univers très différents nos compétences de gestion de business Internet. Ce sont des choix, des chantiers sur le long terme, du travail, des ajustements (ah, le choc des cultures !).

Ce qui est surprenant, c'est qu'en faisant ce travail j'ai fini par avoir une vision plus « investissement » que produit, face aux propositions. En fait, maintenant, quand on me propose une opportunité sur la blockchain et une cryptomonnaie, je ne me bloque plus. En me retrouvant dans ce bureau avec la banquière pour discuter d'investissements, je me suis rendu compte que, malgré mon manque de formation initiale, malgré mon côté « non technicienne », j'étais au clair sur mes valeurs et mes avancées et que ça me permettait d'être à ma place dans le bureau d'une responsable d'agence bancaire.

Pour rendre cela plus clair je reprends donc avec vous cette histoire de « gros mouton » à son début.

Le gros mouton

Il arrive donc un jour où, pour la première fois, je suis face à une responsable d'agence, non pas pour discuter de l'activité de mon entreprise mais d'investissement. Et là, elle me présente les produits soutenus par sa banque. J'avais peur de ne rien comprendre et de me retrouver bêtement à faire « oui, oui » et à attendre d'en discuter avec Laurent. Et là, étrangement, je me rends compte que derrière les placements il y a toujours la même chose : une somme à bloquer, un risque et un rendement. Sur le produit présenté, la somme à bloquer était importante, le risque aussi, et le taux de rendement était faible (pas plus de 3-4 %). De façon personnelle, nous n'investissons pas en dessous de 5-6 %, et c'est pour cela que je me suis formée en immobilier, pour atteindre 8 à 15 %. Alors la proposition me paraissait vraiment en dehors de nos attentes. Mais la banquière semblait ne pas comprendre. J'ai alors décidé de sortir de ce contexte pour essayer de lui faire comprendre. Je venais de faire des recherches sur d'autres investissements, notamment des vaches gérées par des coopératives de paysans, et j'ai pensé que l'exemple était parfait de décalage et de pédagogie.

Ma présentation était claire : une vache est vendue à 1 600 euros, et la proposition de rendement est de 6 à 12 %, suivant le nombre de vaches achetées. Après un moment de flottement pendant lequel la directrice d'agence repart sur son produit, elle se rend compte du décalage, me regarde et me dit : « Ah ! Mais ce modèle existe aussi ici ! Avec des moutons ! »

Là, forcément, j'écoute attentivement et je demande :
— Quel est le modèle ?
— Pour un mouton payé 3 300 euros…

Là, je crois que mon visage a parlé pour moi. Elle s'est arrêtée. Oui, oui, un mouton à 3 300 euros, plus cher que deux vaches à 1 600 euros. Puis je l'ai entendu me dire : « Mais c'est un GROS mouton ! »

Voilà, ce n'était pas une blague, et moi j'ai eu la preuve qu'en parlant d'investissement j'étais finalement tout à fait à ma place.

Alors je ne sais pas où vous en êtes ni si vous avez déjà eu votre « gros mouton », mais sachez que cela arrive avec du travail, du temps et de la passion.

À très vite sur ce chemin de la liberté financière, avec ou sans mouton !

ISABELLE CALKINS
L'argent, une énergie

Mille neuf cent soixante-trois. C'est mon année de naissance. Je sais, ça fait un bail. L'époque a tellement changé. Mes parents ont choisi de vivre à la capitale parce que c'était joyeux et que c'était plus simple, côté travail. Il suffisait de proposer ses services pour être embauché. Inimaginable aujourd'hui. Pour autant, l'argent était rare dans la famille. Pas d'héritage, seuls les salaires permettaient de nourrir les cinq bouches de la famille et Méphisto, notre chat.

Nous étions pauvres. Difficile, parfois, de finir les semaines et de remplir le Frigidaire. J'étais la benjamine de la famille. Mes deux frères me précédaient, et je récupérais leurs vêtements, leurs jeans. Quand on m'achetait des chaussures, je n'avais pas mon mot à dire. C'était les plus solides que ma mère choisissait. C'est vrai que ça me rendait triste. J'aurais aimé porter des robes, des vêtements à mon goût. Mais l'époque était rude, c'était ainsi. On ne s'intéressait pas au désir ou au plaisir, juste au besoin. On y répondait de façon assez rustre, en tout cas, chez nous. La guerre était passée par là, mes parents l'avaient subie. La vie n'était pas une partie de plaisir mais un combat. C'est ainsi que je l'ai perçue, longtemps. C'était mon expérience, c'était ma croyance.

Une de mes amies d'enfance, elle, vivait dans un milieu plus fortuné. Je sentais bien que, quelque part, la famille s'autorisait davantage. Elle était même, sans doute, un peu plus joyeuse. En même temps, avec mon père journaliste, nous avions un accès privilégié à la culture et à nombre de chanteurs et chanteuses (re)connus. Notre richesse était ailleurs.

L'argent semblait comme un pays étranger. Assez inatteignable et, surtout, nous ne semblions pas comprendre sa langue. Il nous échappait. Les dés étaient jetés, c'est ainsi que je l'ai compris : il était destiné aux autres. Lui et moi resterions d'éternels inconnus.

Plus tard, je me suis mise à travailler. Il m'aidait à payer mes factures, et quand il était en surplus, je ne savais même pas quoi en faire. Longtemps, je suis restée dans ce schéma. Et quand je devais faire face à des dépenses inattendues, une surprise se manifestait et, d'une façon ou d'une autre, l'argent apparaissait, curieusement.

Je n'ai jamais eu le goût de l'argent. Je me souviens avoir été meurtrie, jeune, quand j'ai appris que Serge Gainsbourg avait écrit l'une de ses chansons avec l'intention de faire de l'argent. Je n'ai pas compris qu'il asservisse son art à l'argent.

L'argent, une énergie

Vous l'avez compris, ma relation à l'argent a débuté difficilement. Nulle conversation à son sujet, quand j'étais jeune, ou s'il était évoqué, c'était dans la douleur. J'ai traîné cette relation à l'argent de nombreuses années, de trop nombreuses années. Comme un poids qu'il fallait porter. Il était tellement synonyme de difficultés, que je préférais lui en vouloir et lui tourner le dos. Pourtant, il y avait des indices sur ma route qui auraient pu m'aider à transformer mon lien à l'argent. Mais je restais dans mes croyances, confortablement établies. Et puis, à force de frustrations, j'ai pris le temps de m'interroger. L'argent offrait des moyens, permettait de poser des actions, de développer des projets. Il offrait une liberté certaine. Allais-je y renoncer ? Bien sûr que non ! Consciemment, j'ai donc décidé de renouveler ma relation à l'argent.

C'est alors que j'ai compris que l'argent était une énergie comme une autre. Jusqu'à présent, je m'en désintéressais, je la méprisais sans doute un peu, je la repoussais, m'en éloignais. Dès lors, comment pouvais-je espérer qu'elle frappe à ma porte ? Si on tourne le dos à une personne, elle passe son chemin tout naturellement. Ma charge émotionnelle et plus largement énergétique par rapport à l'argent me venait de mon histoire familiale ; il était important de la transformer une fois pour toute. En conscience, j'ai nettoyé mon ressenti, mes peurs, mes croyances sur l'argent. Je m'en suis ainsi rapprochée, désireuse, non seulement, de faire la paix, mais de devenir amis. L'argent n'était plus cette chose difficile qui s'échappait sans cesse mais une énergie à accueillir, soutenir et apprécier comme toute autre. Ainsi, j'ai commencé à nouer une relation nouvelle à l'argent. Paisible, honnête et joyeuse. Je comprenais que j'avais été ma propre ennemie et qu'il m'appartenait de réenchanter cette relation. À partir de cette prise de conscience et de cette posture intérieure réinventée, l'argent et moi avons commencé à nous connaître, à nous apprécier et à nous faire confiance. Cette prise de conscience et le travail intérieur qui s'en suivit furent la clé numéro un qui me permit de transformer ma relation à l'argent et de l'accueillir paisiblement dans ma vie.

L'influence de l'entourage

L'argent se faisait plus présent dans ma vie. Pour autant, il ne coulait pas encore à flots. Les limites que nous nous fixons sont sournoises et souvent invisibles. On a tendance à calquer notre comportement et nos rêves sur ceux des personnes que nous côtoyons. Les gens de mon entourage aspiraient à gagner de l'argent sans y parvenir. Le désir était là, mais aucun plan d'action réel ne venait le rendre possible. Les mots étaient vides ou paresseux. L'argent venait mais sans l'amplitude désirée. Ce sont des rencontres qui m'ont permis de franchir un cap supérieur et supplémentaire. J'ai alors côtoyé des personnes qui osaient demander de jolis honoraires pour leurs prestations. Ce qui me semblait lointain se rapprocha. Non seulement je côtoyais ces personnes, mais les services qu'elles proposaient n'étaient pas supérieurs aux miens, juste différents. J'ai donc osé demander des sommes rondelettes pour mon travail. Elles furent acceptées et elles me permirent de transformer ma clientèle. La leçon indirecte fut remarquable : plus les gens investissent financièrement, plus ils s'engagent dans le travail. En tout cas, les clients qui faisaient appel à moi et payaient ce prix étaient résolument investis pour réaliser le travail nécessaire. J'étais gagnante sur bien des fronts. Sans compter que ces prix confortaient de nombreuses personnes dans le fait qu'ils choisissaient un des meilleurs experts en la matière. Assumer un prix élevé révèle la confiance que vous avez en votre expertise et le fait que vous choisissez vos clients. Je n'oublierai jamais cet appel téléphonique reçu d'un dirigeant d'entreprise qui souhaitait que je le coache. Nous avons échangé, puis il m'a naturellement demandé mes tarifs. Je lui ai annoncé tout de go. J'ai entendu un rire un peu nerveux au début qui, rapidement, est devenu joyeux. Il m'a rétorqué : « Vous choisissez vos clients ! » À quoi j'ai répondu : « On est bien d'accord. » C'est alors qu'il m'a avoué : « Vous auriez été moins chère, je ne vous aurais pas prise au sérieux ! »

Le prix est un investissement, des deux côtés.

Devenir soutien des autres

En franchissant ces paliers, j'ai permis, à mon tour, à de nombreuses personnes indépendantes, de faire de même. Soit qu'elles m'interrogeaient sur la façon de s'y prendre, soit que je les encourageais sans attendre leur demande. Toujours cette difficulté à sortir des frontières du connu et des habitudes, que j'ai trop bien connue. Des peurs ancrées, héritées, on ne sait même plus d'où et qui sont difficiles à cerner, tant elles se sont logées en nous à notre insu. Je me souviens de cette personne qui s'est autorisée à demander le double de son tarif habituel. Il a été accepté sans aucun problème. Elle n'en est pas revenue.

Le plus intéressant, c'est qu'un tarif qui nous paraît insensé quand on le demande pour la première fois devient très vite la norme. Au final, il s'agit beaucoup d'un état d'esprit. Quand nous sommes en mouvement, dans l'échange, la progression et la construction, nous déployons une énergie qui nous permet de nous inscrire dans la confiance.

Le nœud féminin : la légitimité

L'un des freins les plus difficiles à surmonter pour une femme est celui de la légitimité. Depuis dix ans que j'exerce en tant que coach en prise de parole en public, je dois bien avouer que, si les hommes cherchent surtout à réintégrer leurs émotions dans leur communication, les femmes, elles, luttent contre leur difficulté à se sentir légitimes. Ce manque de rôles modèles féminins, cette habitude à observer l'homme en tant que dominant, rend difficile l'accès à la légitimité. Surtout quand la petite fille, comme c'est encore trop souvent le cas aujourd'hui, est éduquée pour devenir « sage et jolie ». Ça paraît désuet, pourtant le poids historique de cette image féminine persiste toujours. Une rémunération faible la maintient dans ce rôle. La légitimité se travaille en décryptant le poids du passé, en comprenant le vide constitué par le manque de rôles modèles, en identifiant les marques laissées par l'éducation et en se réappropriant notre propre pouvoir. Nous pouvons toujours nous construire la place que nous souhaitons occuper, c'est une histoire de choix, de détermination et d'endurance.

Le travail sur la légitimité permet de mieux assumer le lien à l'argent et de le faire fructifier sereinement, joyeusement et pleinement.

De mon côté, ce passage de palier fut rendu possible car, en même temps, je fis appel à une coach qui me conforta dans le fait de poser des tarifs beaucoup plus conséquents. Les conséquences sont multiples : vous gagnez bien votre vie, vous pouvez vous permettre de travailler moins et donc, au final, d'investir votre temps là où vous le souhaitez. Vous pouvez donc accompagner votre évolution avec conscience et intention.

Réinventer le lien à l'argent

Nous sommes tous héritiers de comportements et de croyances qui forgent un conditionnement dans lequel on s'oublie. D'où l'importance d'opérer un travail intérieur, de s'autoriser une plongée en soi pour se défaire progressivement des présupposés, des peurs, habitudes, réflexes et pensées qui nous limitent et nous anesthésient dans notre façon d'engager la vie, notre vie. L'argent a depuis bien longtemps une mauvaise réputation qui nous positionne souvent en négatif dans notre lien à lui. D'où le besoin assez urgent de se poser, de prendre un rendez-vous avec soi-même pour réinventer notre relation à l'argent.

1/ Faire un état des lieux
De la même façon qu'il existe de nombreux cas de désordres

alimentaires dans lesquels l'alimentation est plus utilisée pour panser des maux que pour s'alimenter, il existe de nombreuses variations de désordres monétaires :

- soit que nous sommes obnubilés par l'argent et perdons notre équilibre, notre savoir-être, sinon notre âme. Souvent, à trop le vouloir, il nous échappe. Nous oublions de construire pour courir après, probablement trop vite et de façon désordonnée. Nul n'aime être pourchassé, pas même l'argent ;
- soit qu'on l'associe d'une façon ou d'une autre au mal, à la perversion, à la difficulté ou au fait de devoir renoncer à soi pour le conquérir et donc, par peur, méconnaissance ou désintérêt, on se détourne de lui. De fait, nous construisons un barrage entre lui et nous. Dès lors, comment peut-il venir à nous, pourquoi choisirait-il de franchir cet obstacle, cette distance, cette inertie, pour venir nous rendre visite, nous choyer, nous récompenser ?

L'argent est une énergie. Comme toute énergie, il choisira de visiter celles qui sauront l'accueillir, l'apprécier et l'aimer avec solidité, équilibre et joie. Il s'agit donc, dans un premier temps, de libérer les peurs, les freins et les blocages qui nous encombrent et nous empêchent de l'accueillir avec simplicité et douce joie.

D'où l'importance de prendre ces rendez-vous avec soi-même pour faire le point sur notre relation à l'argent.

Exercice
Prenez un cahier ou une feuille de papier et un stylo. Répondez spontanément à ces questions.

Quand je pense à l'argent :

- quels sont les mots qui me viennent à l'esprit ?
- quels sont mes ressentis, mes émotions ?
- quelles sont les histoires ou anecdotes qui jaillissent en moi ?
- et si l'argent était une couleur, un animal, un pays, une qualité, une musique, lesquels serait-il ?

En prenant le temps de laisser se former nos réponses, sans jugement, juste dans l'accueil spontané, et de les écrire paisiblement sur une feuille, nous nous permettons de mieux découvrir le lien que nous avons tissé consciemment et inconsciemment avec l'argent. Opérer un état des lieux, prendre conscience de notre façon de penser l'argent est le point de départ pour nous permettre de renouveler notre lien à l'argent. Par ailleurs, l'écriture possède un vrai pouvoir libérateur. Elle nous permet de libérer des peurs, des croyances ou des sentiments qui nous habitent mais que nous ignorions posséder en nous.

2/ Vivre l'argent comme un ami

La vie est histoire d'énergie. Plus nous sommes ouverts, enthousiastes et généreux, plus nous agissons comme un aimant. La *Harvard Business Review* positionne d'ailleurs la chaleur comme qualité fondatrice du charisme. En donnant, nous recevons. C'est pourquoi il est essentiel de déployer une énergie d'accueil et d'appréciation envers l'argent. Si quelqu'un ne vous aime pas ou vous évite, avez-vous envie de lui rendre visite ? Non. Si quelqu'un vous critique ou vous dénigre, avez-vous envie de vous montrer généreux à son égard ? Non, pas franchement. L'argent agit selon ces mêmes principes. Il va où il se sent accueilli et apprécié, et où l'on va prendre soin de lui. Ainsi, en prenant conscience de cette réalité, somme toute logique, et en agissant en conséquence, on crée les conditions propices à sa venue dans notre vie. Si l'on souhaite que l'argent vienne à nous, il faut donc venir à lui, c'est-à-dire déployer une énergie envers lui similaire à celle que nous manifestons à l'égard des personnes dont nous recherchons la compagnie. Alors, les conditions psychologiques et énergétiques se mettent en place pour participer à sa venue.

Exercice

Prenez une feuille de papier, séparez-la en deux colonnes. Dans celle de gauche, écrivez en titre « Ma relation à l'argent – Avant ». Puis, dans la colonne de droite, écrivez : « Ma relation avec mes amis proches ».

Attention, prenez bien soin d'écrire le titre de la colonne de droite au crayon à papier. Dans la colonne de gauche, reprenez les éléments recueillis au paragraphe précédent, puis dans celle de droite, répondez aux mêmes questions mais en pensant à vos amis proches. La dernière question devient donc : « Et si mes amis proches étaient une couleur, un animal, un pays, une qualité, une musique, lesquels seraient-ils ? »

Vous voilà désormais avec deux colonnes qui, a priori, devraient vibrer différemment énergétiquement. L'une plus lourde, tumultueuse et complexe, à gauche (votre relation à l'argent – avant), l'autre plus joyeuse, porteuse et légère, à droite (votre relation avec vos amis proches). Une fois que vous avez rempli ces deux colonnes, gommez le titre de droite pour le remplacer par : « Ma relation à l'argent – Maintenant).

L'exercice va consister à vous laisser envahir par les sentiments agréables et la belle énergie de la colonne de droite et de ressentir cette même énergie en pensant à l'argent. Vous souhaitez que l'argent vienne à vous ? Allez à lui. Faites-lui comprendre qu'il est désiré, accueilli, que vous prendrez soin de lui, d'une façon ou d'une autre. Reproduisez cet exercice autant de fois que nécessaire et jusqu'à temps que vous sentiez que la relation est apaisée, joyeuse et confiante.

3/ Poser des actes

Les meilleures intentions du monde ne changeront rien à notre vie si nous ne posons pas des actes permettant de les matérialiser dans la matière. Ainsi, voici quelques pistes. Le mieux serait de les activer toutes mais pas forcément en même temps, de façon à aller au bout de chacune (« au bout » étant relatif, puisque toujours en évolution) :

- **Côtoyer des personnes ayant un rapport facile, si ce n'est privilégié, à l'argent**
Se rapprocher d'elles, c'est déjà se rapprocher de l'argent. À travers elles, nous pouvons combler le fossé creusé par notre histoire. Nos tensions peuvent s'estomper. C'est une façon de réapprendre le lien à l'argent, à travers elles. C'est ainsi qu'en côtoyant des personnes bien rémunérées, et même très bien rémunérées, je me suis autorisée à augmen-

ter progressivement et sûrement mes honoraires. Cette proximité m'y a considérablement aidée. De qui pourriez-vous vous rapprocher pour pénétrer davantage la réalité de l'argent ? Côtoyez ces personnes, allez au devant d'elles, rencontrez-les. Les personnes proches, moins proches, élargissez votre cercle, participez aux rencontres réseaux. Ainsi, en côtoyant ces personnes, vous côtoyez déjà l'argent, énergétiquement et en termes d'intention. Sans compter que vous allez apprendre de nombreux conseils pour poser les actes justes pour gagner l'argent que vous souhaitez gagner.

• **Suivre des formations sur la gestion de l'argent et la liberté financière**
De la même façon qu'on apprend une langue étrangère, son vocabulaire, sa grammaire et sa musique, on apprend à murmurer à l'oreille de l'argent. C'est-à-dire à poser les bons actes pour l'inviter chez soi, à bâtir la bonne structure pour le faire fructifier, car l'argent appelle l'argent. Il s'agit également de développer un état d'esprit pragmatique et rationnel et d'acquérir les bonnes connaissances pour optimiser sa gestion. Ne soyez pas avares en formation ou apprentissages, ils vous le rendront bien.

• **Faire appel à un(e) coach**
Rien de tel que de se faire accompagner par celles qui ont la science et la méthode pour vous tirer vers le haut. S'octroyer les services d'une coach, c'est s'offrir un vrai gain de temps, c'est grandir vite et bien, c'est accéder à des outils puissants et s'autoriser à changer de posture intérieure afin de réaliser ses rêves. Plus vous allez « grandir », mieux vous serez en mesure de gagner de l'argent. Personnellement, je me suis octroyé les services d'une coach pour mettre de l'ordre dans mes offres et mes tarifs. Grand bien m'en a pris. Ce fut une vraie réussite.

• **Lire les ouvrages de référence**
Pour parfaire une certaine éducation, rien de tel que de lire

les grands classiques en la matière, en commençant notamment par *Père riche, père pauvre*, de Robert Kiyosaki, et *Réfléchissez et devenez riche*, de Napoleon Hill. Les ouvrages sont pléthore, choisissez ceux avec l'angle qui vous intéresse le plus.

• **Économiser (un peu) chaque mois**
Quel qu'en soit le montant, pensez à mettre de côté chaque mois. Il est si facile, aujourd'hui, de dépenser à tors et à travers. Le flux d'argent a besoin d'être géré avec intelligence et soin. Pensez à économiser chaque mois, même 50 euros, toujours à hauteur de vos moyens. Vous vous constituez ainsi un pactole qui va fructifier plus vite que vous ne l'imaginez et, surtout, vous ne sentirez même pas le manque de cet argent investi mensuellement.

• **Apprendre à gérer l'argent**
Tout domaine, aujourd'hui, devient assez pointu et il n'est pas toujours aisé d'être au courant des lois en vigueur, des changements à venir, bref, des règles et principes judicieux pour gérer et faire fructifier l'argent. Il est donc important de ne pas s'endormir sur des connaissances qui risquent de devenir obsolètes assez rapidement mais de toujours interroger ou faire appel à des professionnels chevronnés sur lesquels se reposer en la matière.

L'argent, un moyen, une influence

Pour ma part, mon désir de gagner de l'argent s'est éveillé en même temps que mon expertise que je souhaitais voir apprécier à sa juste valeur. En montant en puissance professionnellement, il était naturel que j'applique des tarifs reflétant la valeur de mon travail. C'était aussi une histoire de respect par rapport aux valeurs qui m'habitent, et donc de dignité. En apprenant à mieux percevoir le pouvoir de l'argent, j'ai souhaité l'attirer à moi pour pouvoir, à mon tour, exercer une influence et, surtout, aider les personnes et les projets qui me semblaient porteurs de sens à exister et prospérer. Je ne vis pas l'argent comme un miroir qui me renverrait une image flatteuse de moi-même mais bien comme un moyen me permettant de matérialiser et de manifester davantage les valeurs auxquelles je crois.

Se libérer pour mieux servir

La vie est histoire d'évolution et de transformation. Chaque nouvelle étape nous demande de structurer et de consolider. L'expansion ne peut reposer que sur des fondations solides.

Ainsi, aujourd'hui encore, je m'offre une nouvelle période de bilan. Une façon de pendre la mesure des avancées et résultats obtenus, de m'interroger sur l'adéquation de la structure de mon activité (structures juridiques, articulation de mes offres et services, visibilité, actions marketing, etc.) et de questionner mon désir d'évolution pour m'assurer que je mets mes pas dans la direction que je me suis choisie.

Plusieurs fois par mois, par le biais d'un mastermind que j'ai créé avec des amies proches, j'interroge l'organisation et la direction de mon business, tout en recevant le retour aiguisé et aimant de mes amies. Quel temps de contemplation, de remise en question et de collaboration essentiel et vital au développement judicieux et pertinent de mon activité.

Une fois l'an, de préférence en été, je prends le large, je lâche la quotidienneté des tâches et les obligations pour ouvrir mon esprit vers l'avenir et le construire à partir de mes désirs et besoins profonds. Ma conviction est que mon travail sur la prise de parole en public est unique en ce sens qu'il « va au-delà de la simple prise de parole en public », comme me le disent les participants à mes formations et ateliers, et que j'éprouve une sorte d'urgence à le rendre davantage disponible et à le transmettre. C'est pourquoi, je crée l'École du speaker, qui regroupera toutes mes activités, et elles sont nombreuses, en lien avec cette thématique. Je développe aussi une formation professionnelle dédiée à la prise de parole en public, tant le besoin à déployer une parole inspirée et inspirante est vitale dans notre société, aujourd'hui. Réagencer, diversifier et augmenter les services et les offres va permettre de mettre en place un cercle vertueux puissant auquel associer des personnes ressources portées par les mêmes valeurs que les miennes. En avançant dans notre carrière professionnelle, l'idée consiste à se défaire de ce que d'autres peuvent faire pour se concentrer là où nous pouvons réellement créer une valeur unique et rare, accessible nulle part ailleurs. Toujours se libérer pour mieux servir.

L'argent, pour se déployer

Transformer sa relation à l'argent, c'est déjà transformer sa vie. L'argent est un bien matériel qui permet des échanges et qui impacte considérablement notre bien-être. L'argent offre des moyens, donne du pouvoir et autorise une certaine liberté. À chacun de lui attribuer la place qu'il souhaite dans sa vie. En pleine conscience.

Pour la femme, la relation à l'argent est encore plus sensible. Dans une société patriarcale, où traditionnellement l'homme ramène les revenus à la maison alors que la femme s'occupe du foyer, la femme va devoir se réapproprier le lien à l'argent pour redéfinir son rôle et sa place au sein de la famille et de la société tout entière. L'argent tisse souvent, très souvent, trop souvent, le rapport entre les individus. La femme qui gagne peu ou pas assez ne peut dès lors s'octroyer une place de choix et restera souvent sous la coupe de son mari par confort ou habitude. Ainsi, pour conquérir sa liberté, la femme devra dénouer et réinventer son lien à l'argent. Dans un premier temps, il s'agit de gagner suffisamment, de façon à assurer la satisfaction des besoins primaires (payer un loyer, les factures, les basiques). Dans un deuxième temps, il s'agit de gagner mieux, bien mieux, pour s'offrir la liberté à laquelle elle aspire. Bien sûr, que cette liberté se situe au niveau matériel, mais pas que. Gagner de l'argent offre une tranquillité d'esprit et permet de se projeter dans l'avenir de façon optimiste. Avec les moyens financiers qu'elle se constitue, la femme peut dès lors développer les projets qui lui tiennent à cœur.

Aujourd'hui, la femme reste encore prisonnière d'un poids historique, de comportements et d'une façon de penser les rapports hommes/femmes héritée de mentalités qui semblent désormais en évolution. Nous assistons à un vrai mouvement de plaques tectoniques. Une réorganisation profonde des rapports hommes/femmes où chacun peut désormais prendre pleinement sa place, dans le respect de celle de l'autre. Prendre sa place est aussi une question d'indépendance, et l'indépendance repose et émerge de la liberté financière acquise. La femme peut alors se déployer.

L'argent pour restaurer sa liberté et sa puissance

La dialectique particulièrement intéressante que soulève la question financière pour la femme, c'est qu'elle l'oblige à se positionner, à opérer sa propre mutation. Ainsi, pour combler le décalage de rémunération, à tâche ou responsabilité égale, qu'elle connaît par rapport à un collègue masculin, la femme va devoir questionner puis consolider son estime de soi. C'est là que le poids de l'histoire se lit le plus âprement. Comment avoir confiance dans une nouvelle façon de se déployer, quand si peu de femmes ont auparavant montré le chemin ? Comment oser ce pari nouveau, quand l'éducation continue d'encourager le garçon à être dans l'action, fort, et la fille à être « sage et jolie » ? La femme va devoir se déterminer, il est vrai, aidée maintenant par une évolution des mentalités. Ces pas des « premières » femmes qui montrent l'exemple forge une force de caractère indispensable à ce changement de paradigme qui se joue sous nos yeux.

En gagnant sa liberté financière, la femme gagne bien plus. Elle gagne le droit de s'appartenir, de se redéfinir, de se réinventer face à l'homme, de s'offrir l'avenir dont elle rêve, d'autoriser sa fille et les autres filles à croire davantage en leurs rêves. Elle se réapproprie son destin. L'argent est à la fois moyen et symbole. Moyen de conquête de sa place, au côté de l'homme, en partenaire de l'homme, et symbole de sa liberté restaurée et de sa puissance.

NATHALIE CARIOU
Il était une fois…
Voyage vers la liberté financière

Les femmes aiment les histoires. Laissez-moi vous conter celle d'une petite fille devenue femme, Nathalie, avec l'argent. C'est aujourd'hui une histoire d'amour, mais ça n'a pas toujours été le cas !

L'argent, ça n'existe pas

J'ai eu la chance de naître dans une famille de la classe moyenne. Mes parents, fonctionnaires tous les deux, sont des purs produits de « l'ascenseur social français », originaires de familles paysanne ou ouvrière qui ont su prendre le virage de l'éducation, en envoyant leurs enfants à l'école pour qu'ils exercent des professions intellectuelles.

Mon père était inspecteur de la jeunesse et des sports, ma mère directrice d'école normale.

Avec de grands appartements de fonction – 200 m² pour quatre personnes – qui créeront mon besoin d'espace. Car notre enfance nous façonne. Bien des années plus tard, j'en viendrai à louer un appartement de 180 m² pour moi toute seule. Normal.

Mes parents étaient donc plutôt en haut de l'échelle du fonctionnariat ; les fameux fonctionnaires de classe A. Financièrement, l'argent suivait. Probablement. Parce que, pour autant que je m'en souvienne, l'argent, dans mon enfance, n'était pas un problème. Même pas un sujet de conversation. Mes parents n'en parlaient jamais. Ce n'était pas tabou, ça n'intéressait simplement personne. Ni eux ni moi.

On ne parle pas d'une chose qu'on n'a aucun mal à gagner, qui « tombe » systématiquement toutes les fins de mois sans qu'on ait à se poser de questions, avec la régularité d'un métronome, et qui permet de vivre confortablement une vie de Français moyens. Un peu comme l'air que l'on respire : pourquoi en parler, quand il est de bonne qualité ? Ce n'est que lorsqu'il pose problème qu'il devient un sujet de conversation.

Dans ce contexte, je n'ai appris ni à gagner de l'argent, ni à m'en occuper, ni à l'économiser. Mes parents faisaient des économies en mon nom. Merci, papa, pour le PEL [plan épargne logement] que tu m'as ouvert, alors que j'avais 10 ans, que tu as alimenté longtemps et qui me sera bien utile à 40 ans pour mon PREMIER investissement immobilier. Avant cela, je n'ai pas appris à investir non plus, bien sûr.

Pas si bien armée pour la vie d'adulte, en fin de compte. Comme 90 % de la population ?

S'amuser et donner du sens

Encore plus désarmée quand on ne choisit pas une carrière de fonctionnaire mais que l'on décide de créer son entreprise.

Finies la sécurité de l'emploi et la sécurité du chèque de salaire mensuel !

Je voulais avant tout faire ce qui me plaisait – et, autant l'avouer, suivre les consignes de quelqu'un d'autre ne me plaisait pas du tout.

Un peu rebelle sur les bords, en quête d'indépendance et n'ayant pas compris que l'indépendance professionnelle, si elle ne s'accompagne pas de l'indépendance financière, n'est pas du tout synonyme de liberté !

Je crée ma première entreprise à 26 ans, après six ans en tant que salariée dans une toute petite entreprise ; un avant-goût de l'entrepreneuriat.

Je faisais du conseil en marketing et des études de marché, à l'époque. Dans le luxe et les services financiers. Le luxe pour le glamour, la banque pour la nourriture intellectuelle. Un pied dans le féminin, un autre dans le masculin… déjà !

Tester des « jus » (le parfum sans l'emballage, le flacon ou la marque) et des rouges à lèvres pour Guerlain, Rochas ou Chanel est amusant. Cela fait bien, sur une carte de visite, mais c'est aussi très répétitif et rapidement dépourvu de sens. À mes yeux, en tout cas, aider à la réalisation de jolis produits ne remplacera jamais le fait d'aider à la réalisation d'êtres humains.

Après quelques années de conseil en marketing, lassée et en quête de sens, il était temps que je change de voie. Je me forme et deviens psychothérapeute. J'ouvre mon cabinet en libéral et j'attends les clients/patients. Je garde un souvenir ému de la première personne à être venue me consulter. C'était un monsieur qui n'a jamais su qu'il représentait à lui seul toute l'étendue de ma clientèle du moment.

Reprendre (presque) à zéro pour ne pas m'ennuyer, pour continuer à faire ce qui me plaît et ce qui a du sens. Changer de métier lorsqu'une activité me lasse ; ma vie professionnelle a été rythmée par ces changements à 360 degrés.

De vous à moi, pourquoi travaillez-vous, personnellement ?

Ma vie financière également a été rythmée par ces changements brutaux. Peut-être pas pour le mieux !

À chaque changement de vie (de salarié à chef d'entreprise, de conseil en marketing à psychothérapeute, de psychothérapeute à coach en intelligence financière), mon porte-monnaie y laissait des plumes. Redémarrer une activité à zéro, c'est aussi prendre le risque d'une rémunération à zéro.

Ma situation financière a donc longtemps ressemblé à la chaîne de l'Himalaya : quelques sommets (justement au moment où mon activité me lassait, c'est bête !) et des gouffres financiers, à chaque virage professionnel.

Paradoxalement, mon éducation financière (ou plutôt mon absence d'éducation financière) m'a servi à traverser ces hauts et ces bas sans trop d'états d'âme.

Puisque l'argent n'avait pas réellement d'importance, en avoir ou pas ne changeait pas grand-chose au film de ma vie.

J'en avais, je savais magnifiquement le dépenser. Je n'en avais pas, j'arrêtais de dépenser. Sans frustration inutile.

En apparence.

Parce qu'il y avait bien ces jours où je sortais de mon cabinet de psychothérapeute à 22 heures en me demandant pourquoi je travaillais si tard ; ces mois de juillet ou d'août où je restais à Paris pour ne pas « louper » une consultation de plus ; ces moments où je sentais confusément que, si je n'étais pas « obligée » de consulter toute la journée, je pourrais lancer des projets de plus grandes envergures, ou avoir un site Internet correct, mais payé avec quel argent ? Ces instants de lucidité angoissante où je pensais au très maigre montant de ma future retraite.

Cette vie de hauts et de bas financiers a duré vingt ans. Vingt ans pendant lesquels j'ai gagné de l'argent et payé des factures, où je me suis fait plaisir, quand j'en avais les moyens, sans jamais rien apprendre au sujet de l'argent. Je n'en savais pas plus à 40 ans qu'à 20 !

Et ça aurait pu durer encore longtemps, tellement je m'étais adaptée à subir l'argent plutôt qu'à le maîtriser et le mettre à mon service.

Cap sur la liberté financière

Mais la vie s'est chargée de me rappeler que j'avais encore à apprendre sur ce sujet. Un sujet qu'on ne travaille pas, dont on ne parle pas, même quand on a fait, comme moi, de longues années de thérapie (le minimum, quand on est soi-même thérapeute).

La vie m'a offert une séparation et l'occasion de réaliser que j'avais passé un certain nombre d'années à m'appauvrir en piochant dans mes économies d'enfance, que je n'avais pas les moyens de me loger décemment à Paris avec ma fille, que je n'étais même pas autonome financièrement. Alors ne parlons pas d'être libre !

Je me souviens d'avoir découvert, lors de cette séparation, ce que signifiait l'expression « avoir la peur au ventre ». Lorsque la peur tord vos intestins et vous réveille au milieu de la nuit. Mais il était certainement nécessaire que j'en passe par là pour que je m'inscrive dans un stage de développement personnel où il était question d'argent, de rapport à l'argent, d'apprendre à gagner plus.

J'adorerais écrire que j'ai pris ce jour-là une grande décision qui a changé le cours de ma vie. Mais non ! Je n'ai rien décidé du tout. Je n'ai pas été transpercée d'une révélation magique !

Je me suis inscrite dans ce stage un peu par hasard, sans savoir où je mettais les pieds et sans me douter que ce stage allait donner une nouvelle direction à ma vie.

Le destin est venu ce jour-là frapper à ma porte sur la pointe des pieds, grâce à un petit mail que j'aurais pu laisser passer. Une invitation pour un stage où j'aurais pu ne pas m'inscrire.

Mais qui a changé bel et bien ma vie.

C'est à partir de ce jour que j'ai commencé à m'intéresser à l'argent et décidé de reprendre en main mon avenir financier.

Je n'ai pas appris tout ce que je sais aujourd'hui de l'argent en un seul week-end, bien entendu. Mais ce premier stage m'a ouvert tout un univers que je n'avais jamais exploré jusque-là : celui de l'argent et, mieux encore, celui de la liberté financière.

Que j'ai continué d'explorer avec des livres, des formations, des stages.

En France, en Suisse, en Belgique, aux États-Unis, au Canada.

Parce qu'avec l'argent et la liberté financière j'étais rentrée dans un univers qui regroupait à lui seul tout ce qui me fait vibrer :

- la psychologie, parce qu'on ne peut pas travailler sur l'argent sans s'interroger sur sa relation à l'argent ;
- la réalité dans laquelle l'argent s'inscrit avec l'état de notre porte-monnaie, plus ou moins rempli… un ancrage dans la matière qui me manquait en tant que thérapeute ;
- la réflexion, car nous souffrons de trop penser à l'argent et de ne pas suffisamment penser SUR l'argent ;
- l'énergie de l'argent, qui s'attire ou se repousse, nous connecte au manque ou à l'abondance ;
- la responsabilité. Nous ne sommes jamais aussi pleinement responsables que lorsque notre argent est en jeu ;
- les investissements… tout un champ de créativité que je n'avais encore jamais exploré et avec lequel j'allais énormément m'amuser dans les années à venir.

Travailler sur soi avant d'apprendre aux autres

Aujourd'hui, je suis investisseuse, entrepreneuse et mentor (http://clefsdelareussite.fr).

J'aide des particuliers et des entrepreneurs qui me font confiance à améliorer leur relation avec l'argent, à savoir en gagner – en travaillant ou sans travailler –, à savoir s'en occuper, à choisir la vie qu'ils ont envie de vivre et de la vivre vraiment, pleinement.

Je vis de mes investissements sans avoir besoin de « travailler pour gagner de l'argent ». J'ai le choix d'exercer ou non mon activité de coach en intelligence financière.

Même s'il est clair que l'argent que je gagne avec mon activité m'est également utile à financer d'autres projets, par exemple.

Avoir le choix, c'est l'un des mots clefs de la liberté financière

Ne plus être « obligée » de travailler pour gagner de l'argent. Ne plus oublier de réfléchir à ce qui compte vraiment parce qu'on est prisonnier de l'engrenage « métro-boulot-conso-dodo ». Ne pas mettre de limite à ses projets parce qu'on n'en a pas les moyens.

Choisir son lieu et son style de vie mais aussi l'usage que l'on fait de son temps et la direction que l'on veut donner à sa vie.

Vivre l'argent comme la clef d'un univers de possibles au lieu d'être une limite à la réalisation de nos rêves ou de nos envies.

C'est un chemin que j'ai parcouru d'abord pour moi, avant d'y accompagner les autres.

L'argent est une compétence. L'anglais aussi.

Pour l'une comme pour l'autre, il est extrêmement facile de vérifier si une personne les possède : on sait qu'une personne maîtrise l'anglais parce qu'elle parle anglais couramment. On l'entend.

Pour l'argent, c'est la même chose : on sait qu'une personne maîtrise l'argent parce que son compte en banque et ses résultats financiers sont là pour vous le prouver.

Évitez d'écouter ceux qui vous parlent d'argent et n'en gagnent pas.

Ce serait comme apprendre l'anglais d'une personne qui ne sait pas le parler.

Ce que j'ai appris sur l'argent

Il était donc essentiel que je travaille sur ma propre situation financière d'abord. D'autant qu'elle n'était pas brillante et que c'était presque une question de survie !

J'ai commencé par revisiter mon logiciel intérieur :

- me sortir de la tête que l'argent, ce n'était pas pour moi ;
- arrêter de prétendre que l'argent, ce n'était ni intéressant, ni très valorisant, ni aussi noble que l'élévation de l'âme ;
- commencer à m'intéresser vraiment à l'argent dans toutes ses dimensions : l'abondance, les croyances, la gestion de mes finances personnelles, l'investissement.

De vous à moi, quelles sont vos propres pensées/croyances/a priori sur l'argent ?

C'est l'une des particularités de l'argent, selon moi, sa capacité à nous ancrer dans la matière. L'un des symptômes de notre incarnation.

Donc, si l'on doit travailler ses dimensions psychologiques (les croyances) et énergétiques (l'abondance), aucun travail sur l'argent ne sera complet sans travailler également sur la gestion et les comptes.

Et j'ai appris à faire de l'argent :

- en investissant, dans l'immobilier principalement, en bourse accessoirement – question de préférence personnelle ;
- grâce à Internet ;
- en choisissant des projets rentables, à l'inverse des projets peu rentables et extrêmement consommateurs de temps dont j'avais l'habitude ;
- en m'essayant au marketing de réseau (un réseau que j'ai créé de toutes pièces).

Ce sont les principaux piliers que vous pouvez utiliser, vous aussi, pour faire de l'argent.

J'évite volontairement l'expression usuelle « gagner de

l'argent » : elle est trop empreinte de compétition et donc de l'idée sous-jacente de « mérite ». Ce sont les meilleurs qui gagnent, les plus méritants, ceux qui ont fait le plus d'efforts, qui se sont le mieux entraînés. Et il n'y a jamais que quelques vainqueurs et beaucoup de vaincus.

En réalité, non.

L'argent n'est pas aussi élitiste.

Pour en avoir :

- il faudra le vouloir, en avoir envie et s'y intéresser ;
- il faudra aussi faire des choses pour. Des choses sympathiques, comme attirer l'abondance, mais aussi des choses plus ingrates, comme faire ses comptes, créer un blog... Ou des choses qui font peur ;
- il faudra affronter sa peur et prendre des risques. Ce n'est pas le risque qui fait qu'investir est difficile, c'est la peur ;
- et il faudra y consacrer du temps. Paris ne s'est pas fait en un jour.

Tout le monde peut-il devenir riche ?

Les règles de l'argent sont plutôt simples, faciles à comprendre et à mettre en œuvre.

Alors pourquoi tout le monde n'est-il pas riche ?

Il y a ceux et celles qui disent **ne pas en avoir envie**, souvent par peur, de ne pas réussir ou de ne pas être assez puissant.e pour tenir en laisse leur propre avidité.

Il y a **les paresseux et les paresseuses** ; trop de travail, trop de tâches ingrates. Pas envie d'apprendre des trucs qui, au début, semblent difficiles. Ceux-là choisiront la voie de la facilité, succomberont à toutes les sirènes qui leur chanteront la chanson de l'argent facile et risquent fort de ne jamais aboutir.

Il y a **les impatients et les impatientes**, qui voudront tout, tout de suite. Et trouveront intolérable de consacrer trois ou cinq ans à leur santé financière ; c'est le temps qu'il faut avant que ça roule tout seul, beaucoup moins que le temps que vos parents vous ont consacré pour faire de vous des adultes !

Et puis il y a la très grande masse **des obéissants et des obéissantes**. À qui on a expliqué qu'être libre financièrement, c'était compliqué, risqué, impossible, que c'était pour les déjà riches mais pas pour eux, et qui l'ont cru et qui le croient encore.

La liberté financière ouvre un monde de choix. Le choix de penser autrement également.

S'il y a une qualité qui m'a été utile sur mon chemin vers la liberté financière, c'est bien celle-là : ne jamais avoir eu l'envie de faire partie du troupeau.

Tant pis, si l'on est plus exposée (car c'est une réalité, on est plus visible et plus exposé) lorsqu'on suit son propre chemin.

De vous à moi, à quelle catégorie appartenez-vous (peut-être pas citée ci-dessus) ? Qu'est-ce qui vous tient aujourd'hui à l'écart de l'argent ?

L'argent est-il masculin ou féminin ?

Plus facile de trouver des hommes que des femmes qui ont réussi financièrement.

Que ce soit dans votre entourage proche, sur la planète Internet dont je fais partie, ou parmi les milliardaires référencés par *Forbes*.

Bref, à tous les étages, les femmes semblent moins réussir que les hommes, financièrement.

Pourtant, les femmes aiment l'argent tout autant que les hommes ; elles ont envie de réussite et de sécurité financière tout autant que les hommes.

J'ai quatre explications au manque de visibilité financière des femmes. Prenez-les, non pas comme des vérités gravées dans le marbre, mais comme des pistes de réflexion.

*1/ L'argent est un **outil social**, dans le sens où il permet de fonctionner en société.*

Vous n'auriez pas besoin d'argent sur une île déserte, à condition que cette île vous appartienne (aujourd'hui, rares sont les îles désertes sans propriétaire). Et qui dit social dit « principe masculin », « animus », la partie de chacun de nous, hommes ou femmes, qui revêt des caractéristiques dites masculines (la chasse, la compétition, la visibilité…). S'intéresser à l'argent, c'est donc, pour une femme, développer l'animus en soi. Et certaines femmes n'investissent pas ou trop peu cette partie d'elle-même.

*2/ Je l'ai dit précédemment, l'école de l'argent est peut-être avant tout l'école du penser autrement et de la **désobéissance**.*

Chose que l'on n'a pas apprise aux femmes, chez qui la société a au contraire essayé de renforcer l'obéissance et la bien-pensance. Un conditionnement culturel à faire tomber, progressivement, au fur et à mesure de l'émancipation des femmes.

3/ Les femmes ont un handicap majeur quand il s'agit de passer à l'action.

Elles sont, dans ce que j'ai pu constater au fil de mes années de pratique, en tant que thérapeute puis coach en intelligence financière, **plus sensibles au sens** des choses. Pour entrer en mouvement, elles ont besoin de savoir si ça en vaut la peine. C'est un principe féminin – également présent chez les hommes, bien sûr – qui réduit le passage à l'action. Quand l'animus dit « si c'est comme ça qu'il faut faire, je le fais », l'anima dit « dis-moi pourquoi je devrais le faire, et si la cause est bonne, je le ferai ». Cela protège la vie, évite la « course au fric », mais réduit la capacité à investir.

*4/ Dernière explication, qui fera certainement grincer certaines dents, désolée : d'un point de vue sociétal, l'argent est **l'outil d'émancipation des hommes**.*

Qui sortent du giron des femmes (leur mère) pour gagner de l'argent et vont ensuite entretenir leur propre famille. Pas sûr qu'ils ne résistent pas un peu à ce que les femmes continuent à affirmer leur puissance en gagnant (plein) d'argent. Ce qui, pour les femmes, est une image à assumer, pas toujours si simple.

Et maintenant ?

Les femmes ont encore à développer leur pouvoir financier, leur « animus », en acceptant de sortir de l'ordre établi, de s'émanciper et de revendiquer leur pouvoir créateur.

Adieu à la protection financière illusoire apportée par l'autre, bienvenue à l'indépendance financière dont nous sommes les créatrices.

Me concernant, moi qui n'ai découvert mon pouvoir financier qu'après 40 ans, mon avenir est rempli de nouveaux projets. Parce que j'ai découvert le réel pouvoir de l'argent, celui qui vous ouvre la porte à tous les possibles.

Si aujourd'hui j'ai une envie, un rêve ou un projet de création, ce n'est plus mon compte en banque qui décide. C'est bien moi et mon envie.

Ce que j'ai appris en chemin, c'est que le compte en banque suivra. Et que s'il ne suit pas, je peux faire ce qu'il faut pour trouver, générer, emprunter l'argent dont j'ai besoin.

J'ai également appris que l'argent n'est jamais que la conséquence de mon imagination, de ma créativité, de l'énergie que je mets à mener mes projets à bien, de ma capacité à me dépasser, en voyant plus grand que moi mais aussi en dépassant mes peurs.

Dans les années qui viennent, j'ouvrirai sûrement un parc résidentiel de loisir, un centre de conférences, et je créerai un nouveau projet autour de la problématique des personnes âgées. Et ces projets me rapporteront de l'argent.

Mais le plus important n'est pas là. Le plus important est dans le fait que je vive aujourd'hui pleinement et intensément. Que j'œuvre à aider les femmes – et les hommes – à rééquilibrer leurs pouvoirs féminin et masculin. Que j'aide à ce que la vision et la place de l'argent évoluent. Que j'inspire des femmes et des hommes à emprunter le chemin de la liberté financière.

« Il ne s'agit pas de moi. Il s'agit de cette jeune personne qui me regarde ! » (Inspiré de la pensée de Taurea Avant.)

MARCELLE DELLA FAILLE
Jouez avec l'argent pour en faire votre allié

Je descendais la rue, heureuse et joyeuse d'être seule, indépendante et libre. J'admirais les arbres en fleurs, le quartier paisible, et mon sentiment de liberté s'amplifiait encore. Envoyée en « mission » par ma mère, je me dirigeais d'un pas lent vers la pharmacie du quartier voisin. Dix minutes de tranquillité s'étendaient devant moi. Un vrai bonheur !

Oui, mais la peur grandit en moi, quand je pensai aux autres fois. Les missions précédentes s'étaient toutes soldées par un échec. Du haut de mes 13 ans, j'arrivai devant le comptoir. Je donnai le nom du médicament à acheter, et la pharmacienne me le tendit Jusque-là, tout allait bien. Puis, ma main plongea dans ma poche, et là, sueur froide, rien. Le vide. Le néant. Pas d'argent. Pourtant, je me voyais placer le billet tendu par ma mère dans cette poche. L'avais-je changé de poche ? Non, l'autre poche était également vide. Je regardai par terre. Le rouge me montait au visage, et je ne pouvais que balbutier des excuses et m'en vouloir, ô combien m'en vouloir, d'avoir perdu ce billet. Non, je ne l'avais pas perdu. Il s'était volatilisé. Et la disparition répétée d'un billet après l'autre amenait irrémédiablement la sentence cruelle : « Tu as les mains trouées. Comment peux-tu perdre de l'argent ? Ça ne pousse pas sur les arbres, l'argent. Tu ne peux pas continuer à le perdre ainsi. »

Peur anticipée, voilà l'émotion qui devint mienne, face à l'argent. Mes premières missions financières s'étant transformées en cauchemar, la sueur coulait dans mon dos quand j'entendais ma mère prononcer la phrase : « Marcelle, peux-tu aller chercher ceci chez le boucher/boulanger ? » Je partais, les jambes flageolantes à l'idée de la décevoir en perdant le précieux trésor qu'elle me donnait. Et lorsque, par miracle, l'argent était toujours là, je reprenais confiance et je me lançais pour défi de ne jamais – plus jamais – laisser l'argent disparaître de mes poches.

« Déterminée » est le mot qui résume cette décision. Voire

acharnée. Oui, je voulais pouvoir remplir mes missions avec confiance. Oui, je voulais qu'on puisse compter sur moi. Oui, je voulais que maman voie mes efforts et ma détermination à être une agent de richesse et de prospérité, dans un quotidien que je voyais secoué par le manque, les imprévus et une générosité que je considérais souvent excessive vis-à-vis des autres et insuffisante pour nous, ses proches.

Enfant, et même adolescente, jamais je ne me suis sentie sûre avec l'argent. Il semblait toujours éluder les poches des porteurs de projets, des créateurs, des artistes, bref de ceux qui poursuivaient leurs rêves et avaient le courage de sortir du métro-boulot-dodo ambiant.

Quand j'ai eu 5 ans, mes parents ont pris une décision radicale, celle de changer de quartier, de statut et de niveau d'abondance. Pour se respecter et suivre leurs valeurs de partage et de service, ils ont déménagé d'une maison cossue dans un des beaux quartiers de Bruxelles, vers une maison à rénover dans le quartier qui figurait au cœur-même d'une polémique sociale extrême : Schaerbeek. On l'appelait le quartier des immigrés. Pendant plusieurs années, nous avons emménagé d'une maison à l'autre pour terminer dans une communauté créée par mes parents et une dizaine d'autres personnes, actives dans la rénovation d'immeubles à destination des immigrés de l'époque.

C'est là que j'ai passé ma préadolescence. C'est là que j'ai été témoin des difficultés et tensions que vivent les familles qui poursuivent leur rêve avec peu de moyens et beaucoup d'obstacles, face à leur désir d'aider, voire de sauver, les « étrangers » ou « immigrés » de la planète. C'est un combat de tous les jours, surtout lorsque vous avez cinq enfants et que quatre d'entre eux sont des filles. Ce quartier d'immigrés n'était pas un lieu sûr pour nous qui portions des jupes. J'ai ressenti la peur de grandir, d'oser être féminine et de vouloir être libre en tant que jeune fille, pendant les cinq années passées dans ces ruelles sombres et crasseuses. Pas le type d'environnement dans lequel les fleurs que nous étions pouvaient s'épanouir sans dégât. Ce fut mon vécu, en tous les cas.

Ma crainte, en tant que jeune fille, et mes expériences douloureuses d'agressions verbales et physiques dans les rues m'ont amenée – ma pépite d'or – à faire des choix et prendre des décisions, plus tard, qui m'ont amenée là où je suis aujourd'hui. Je me souviens, après une énième agression dans ce quartier, alors que je n'y habitais même plus, d'avoir enfin pris mon indépendance en décidant *ça suffit, ce n'est pas parce que mes parents et mes frères et sœurs aiment ce quartier que moi aussi je dois y passer ma vie. Je choisis mon bien-être, et même si cela déplaît aux autres, je décide de ne plus me rendre que dans les quartiers et les pays qui respectent les femmes, qui vibrent l'abondance et qui m'offrent la paix.*

Étonnamment, cette décision que j'ai appliquée à la lettre dans un premier temps, en refusant toute invitation d'amis vivant là-bas, m'a permis de revenir y habiter une fois adulte active, sans plus vivre les désagréments que j'y avais connus auparavant. Comme quoi, prendre une décision pour son bien-être nous aide à activer ce bien-être, même dans un environnement non porteur, parfois.

L'environnement qui crée la peur est souvent le reflet de la peur de ses habitants. En choisissant mon environnement physique, je décidais de créer la paix et l'harmonie partout où j'allais, quoi qu'il arrive !

C'est devenu mon crédo : incarner mon environnement idéal de paix et de prospérité

Les chaussures rouges à talons hauts me narguaient dans la devanture du mignon petit magasin de la galerie de la Reine, à Bruxelles. Elles me disaient :

— Achète-nous ! Achète-nous !

— Oui, mais tu n'y penses pas, répondait la petite voix de la censure en moi. De quoi tu vas avoir l'air ? Tu ne portes jamais ces choses-là. Et en plus, elles font mauvais genre.

— Quoi ? Mauvais genre, des escarpins rouges tout ce qu'il y a de plus raffiné et de plus élégant ? Tu veux rire ?

— Non, tu ne peux pas les acheter. Que vont dire tes parents ?

Et voilà, la bombe était larguée. La voix me revenait bien claire, maintenant. « Toi et tes achats compulsifs. Retiens-toi et réfléchis avant d'acheter. N'achète pas à la légère. N'agis pas sur un coup de cœur. »

Eh bien si, justement, j'adore les coups de cœur. Cela me manque, un coup de cœur. Un flash d'amour pour moi-même. Et si j'osais ? Et si, pour la première fois dans ma vie, j'osais enfreindre l'interdit ? Après tout, je viens d'avoir 16 ans, j'ai mon argent de poche avec moi. Allez ! Un achat qui scelle ma fierté d'être indépendante, de pouvoir faire mes choix et décider seule de ce qui est bon et beau pour moi.

Et hop ! j'entre dans le magasin cosy de cette magnifique galerie de Bruxelles qui me rappelle sa gloire d'antan. Ce sera un symbole. J'achète mon premier cadeau personnel dans la gloire et la beauté d'un lieu mythique et grandiose.

Changer de quartier fut à nouveau à l'ordre du jour en 1974, lorsque mes parents, nous voyant grandir, mes sœurs et moi, ont décidé de nous trouver une bonne école dans un quartier plus approprié. Nous nous sommes installés dans une ruelle proprette d'un quartier calme du haut de Schaerbeek où nous avons pu nous épanouir dans un environnement plus porteur. Bien s'en fut, car mon sentiment d'insécurité s'était accru avec le temps, et mon besoin d'être respectée dans mon corps et mon âme se faisait plus pressant. En grandissant, je m'étais sentie de plus en plus prisonnière de vues qui ne me correspondaient pas : la solidarité souvent confondue avec le communisme, sauver les autres au détriment d'une attention et d'une présence auprès de sa propre famille, soutien d'une population qui nous imposait ses us et coutumes au lieux d'intégrer les nôtres. Il m'est vite devenu clair que je ne pouvais compter que sur moi-même pour veiller à ma sécurité et à mon bien-être, en tant que jeune fille et femme.

Mon choix d'apprendre l'anglais dès mes 14 ans m'a ouvert un monde bien plus prometteur que ce que je voyais autour de moi : la liberté d'entreprendre, la littérature américaine, l'abondance et les possibilités infinies de réussir étaient soudain à ma portée. Enfin, une porte s'ouvrait sur l'espoir. L'horizon des possibles s'étalait en grand devant moi. Mes rêves pourraient s'accomplir si j'y croyais, même si autour de moi d'autres n'y croyaient pas. L'expression « quoi qu'il arrive » a commencé à prendre tout son sens en moi. Et les grands paysages des westerns dont mon père raffole m'ont permis de me raccrocher à une vision claire de ce que je pourrais fouler un jour : le sol d'une terre promise, celle de tous les possibles, celle de la vision large, celle de la manne céleste, quoi qu'il arrive.

Le Nouveau-Mexique, voilà bien un État qui avait tout pour me plaire. La nouveauté et l'exotisme. En tant que sagittaire ascendant lion, je ne pouvais qu'avoir envie d'y aller. Surtout que mon projet, à 20 ans, était associé à la rencontre d'une Allemande expatriée aux États-Unis et ayant développé une technique de *rebirth* particulièrement novatrice. Le fait qu'elle ait accouché dans l'eau m'interpellait également. Bref, le côté étonnant de ce personnage féminin m'appelait. Mon rêve d'aller voir cette puissante dame m'avait fait lancer l'intention que ce désir soit réalisable, et dès qu'un obstacle pointait son nez, je m'ouvrais à recevoir la solution parfaite pour moi.

La solution devait exister, sinon je n'aurais pas eu ce désir et je ne l'aurais même pas imaginé.

Prendre la carte des États-Unis et regarder où vivait ma sœur, expatriée au Texas, par rapport à Santa Fe, au Nouveau-Mexique, a de suite confirmé mon choix. En six à sept heures de voiture, nous pouvions relier El Paso à Santa Fe. Cela lui permettrait de passer quatre jours avec son bébé en dehors de chez elle et de voir défiler des paysages à couper le souffle. Le fait que la nature du Nouveau-Mexique ait souvent servi de décor de tournage aux westerns de mon enfance a dû m'influencer inconsciemment. Amusant, comme nous sommes imprégnés par notre environnement d'enfant. Ces westerns étaient des moments magiques que nous passions en famille, en harmonie, tous assis dans des fauteuils et des chaises devant la télévision. De beaux souvenirs d'évasion.

Matérialiser l'argent était indispensable pour pouvoir réaliser ce projet. Après avoir reçu l'accord enthousiaste de ma sœur aînée, je me suis mise à faire mes calculs. Mon salaire du mois n'allait pas suffire, et je ne voyais pas comment payer le billet d'avion plus les séances individuelles de *rebirth*. Eurêka ! ai-je crié un jour sous la douche. Le système bancaire me permet de verser le montant de l'acompte depuis ma carte Visa sur un mois et de verser le reste le mois suivant.

Ma créativité s'était accrue grâce à ce prétendu obstacle que je ne voulais pas considérer comme un frein. C'est ainsi que j'ai pu partir voir ma sœur, son fils d'un an que je n'avais plus vu depuis trop longtemps, et expérimenter une transformation intérieure puissante ainsi que la rencontre d'Américains éclairés, lors d'un concert de bols de cristal dans le désert, sous les étoiles, au crépuscule. Un souvenir mémorable !

Tout est question de responsabilisation, toujours
Tout dépend de soi, toujours

Quand me suis-je vraiment responsabilisée face à l'argent ? Si je l'ai fait plusieurs fois au cours de mon adolescence – en décidant de ne jamais être dépendante d'un homme ou de quiconque, pour ma prospérité et ma liberté financière, comme ma mère, femme au foyer, c'est grâce à mon mariage que j'ai pris de nombreuses décisions dans ce sens.

J'aime me rappeler que le mariage ou la décision de vivre en couple est un fabuleux moyen de s'encourager à grandir. L'autre étant le miroir de nos peurs et de nos émotions refoulées ou vibrées, il est plus facile d'avancer à côté de l'autre que seul. Même si de nombreuses personnes font ce cheminement en solitaire, j'aime considérer les relations comme des vortex de transformation de nos limitations. Lorsque nous nous sommes rencontrés, mon mari et moi-même, nous étions tous les deux en transition dans nos vies. Nous vivions chez nos parents, entre deux carrières, nous touchions le chômage et nous avions des rentrées mais peu d'épargne. Tout avait été utilisé pour nos projets respectifs, qui nous avaient fait faire un bond de conscience, chacun de notre côté. Comment ne pas reconnaître la force de l'effet de miroir ici ? Encore aujourd'hui, lorsque reproches ou tensions apparaissent, je m'empresse de regarder où est l'effet-miroir. Qu'est-ce que je LUI reproche que je me reproche à moi-même en réalité ? Ainsi, je peux avancer, cesser de me juger autant et donc de juger l'autre, et prendre une décision qui nous fera avancer tous les deux.

Vendre notre première maison fut l'une de ces décisions capitales et difficiles à prendre. Après dix années de mariage, la maison de nos rêves, deux adorables fillettes et une troisième en route, j'ai réalisé que nous ne pouvions continuer à vivre dans un palais doré avec la peur au ventre de ne pouvoir payer nos factures. J'avais cessé de travailler pour m'occuper des enfants, et l'activité de mon mari ne rapportait plus assez, de sorte qu'une décision s'imposait. *Je ne veux plus vivre cela*, me suis-je dit. Craindre pour nos finances, ne pas savoir comment acheter à manger ou de quoi se vêtir, c'était non seulement gênant mais surtout effrayant.

Je vais cesser de dépendre de lui et redevenir indépendante financièrement. Je vais créer mon propre argent, et même beaucoup d'argent, pour ne plus vivre de grands creux. Des bas, il y en aura toujours, mais qu'ils soient toujours suffisants pour payer le loyer et autres obligations. Et j'ai repris les rênes de ma bourse. Pendant ma dernière grossesse, j'ai traduit *The Science of Getting Rich* (« *La Science de l'enrichissement* ») et j'ai eu l'intuition de l'envoyer à des éditeurs. L'un d'eux m'a rappelée un soir, directement du Québec, pour me remercier de le lui avoir envoyé. Cela faisait un an qu'il cherchait à le traduire lui-même mais n'en avait pas le temps (imaginez le timing !). Il a décidé de le publier et m'a demandé si je voulais en traduire d'autres. C'était ma vision, et elle se réalisait. Mon mari, qui n'était pas au courant de ce que je faisais – car notre situation financière avait commencé à déteindre sur la relation –, m'a demandé : « Qu'est-ce qui se passe ? » Je lui ai tout raconté, et mon indépendance financière retrouvée fut marquée d'une nouvelle pierre, ce soir-là.

« Pas de patron » est mon crédo depuis mon premier job d'étudiante. Employée dans une banque à Bruxelles, lors d'un été torride, je me suis immédiatement sentie à l'étroit, à l'intérieur des quatre murs de ce bâtiment pourtant luxueux. Devoir respecter des horaires, répondre à des « supérieurs », être surveillée, devoir faire mes preuves, tout cela ne convenait pas à mon caractère indépendant et sans doute fier. Être autonome est mon mantra. Je voulais la liberté totale : liberté de mouvement, liberté de choix et de décision, et plus tard, cela devint évident, liberté au niveau du montant gagné. Cette forme de liberté n'existe pas dans le monde de l'emploi.

Oh, de l'extérieur, je montrais l'apparence d'une petite fille modèle, souriante et obéissante, performante et efficace, parfaite, en somme, selon les critères et usages de l'époque. Une personne qui ne fait pas de bruit, invisible, insignifiante. Et à l'intérieur, je bouillais. Je voulais m'affirmer, mais les mots ne sortaient pas de ma bouche. Je voulais crier à tous et toutes combien la vie c'est plus que métro-boulot-dodo, que vivre signifie chanter, danser, nager, sauter, tout ce que les adultes autour de moi ne s'autorisaient plus (en écrivant cela, je me rends compte que j'ai encore tendance à l'oublier. Quand ai-je chanté, dansé, nagé, sauté récemment ? Amusant, comme l'écriture nous met face à ce que nous aimerions être et faire davantage).

Exploser tous les plafonds, voilà ce que j'ai toujours aimé faire. Le plafond des fausses croyances, le plafond des fausses limites, des convenances, des « je dois-il faut », des « tu dois-il faut », et encore plus présent aujourd'hui, le plafond de mon environnement. Avec la découverte de la loi de l'attraction, j'ai réussi à exploser plusieurs de ces plafonds. J'ai réussi à créer une vie idéale et parfaite pour moi, et à passer à autre chose à chaque nouveau cycle de conscience et plate-forme d'abondance. Sortie du monde de l'emploi, j'ai créé mes propres objectifs de rentrées, qui ont rapidement dépassé ce qu'une cadre moyenne reçoit dans la société actuelle, j'ai aidé des centaines d'autres entrepreneurs, coachs et formatrices à faire de même. J'ai explosé également mes limitations face à l'argent, en jouant à le créer et le manifester dès que j'en ai envie, en jonglant avec les chiffres, en ajoutant des zéros sur le papier pour les voir s'accumuler à la fin des montants dans la réalité.

Et cela m'a aidée étrangement à me détacher plus facilement de l'idée classique que je me faisais de la richesse. Cela m'a ouvert la porte de la simplicité, la légèreté et l'unité avec la Source d'abondance infinie. Aujourd'hui, je sais que je peux vivre avec très peu ou beaucoup, et que les deux peuvent être agréables, tant que je reste alignée sur le sentiment d'abondance et de liberté totale qui est toujours accessible à quiconque et un partenaire aligné de l'Approvisionnement infini.

Les hauts et les bas m'ont appris à devenir une jongleuse – de temps, de vie, d'argent – et à montrer aux autres comment le devenir eux-mêmes.

Élevée dans une famille catholique belgo-italienne, j'ai été immergée dans les affirmations répétées que « la vie est une lutte », « l'argent est mauvais » et qu'« il faut travailler dur pour gagner ou mériter de l'argent ». J'ai trouvé cela très stressant, car je croyais que c'était vrai. Cette croyance dans le dur labeur pour gagner de l'argent m'a conduite à accepter un poste dans une entreprise.

Puis, à 30 ans, en tant que femme curieuse et ouverte d'esprit, j'ai décidé de quitter le monde de l'entreprise, et les limites que je sentais qu'il m'avait posées, pour entrer dans l'aventure entrepreneuriale. Le voyage du dur labeur à l'abondance aisée fut chaotique. En fait, j'avais amené dans ma nouvelle aventure entrepreneuriale le « sac » de fausses croyances sur « les femmes, le travail et l'argent » que la société et le monde de l'emploi m'avaient imposé et que j'avais accepté de continuer à porter. Je devais en être consciente et décider de les transformer d'abord en croyances puissantes et élévatrices. Ce n'est qu'à ce moment-là que mon audace et mon optimisme m'ont amenée à créer des montants plus importants que ce que j'aurais pu imaginer, avec moins de difficultés qu'auparavant. Ainsi, j'ai été amenée à jouer un plus grand jeu avec ma vie et ma vision.

En tant que croyante fervente en la possibilité de créer facilement de l'argent, j'ai défini plusieurs jeux d'argent auxquels je joue encore aujourd'hui et qui m'ont permis de vivre de nombreuses manifestations de mes « grands rêves ».

Je peux maintenant dire que :

- il est facile de créer de l'argent ;
- il est plus facile de créer de grosses sommes d'argent que de petits montants.

Vous en doutez ? Je vous dirai que ce n'est possible que si vous acceptez de modifier votre point de vue sur l'argent.

L'un des participants à ma formation sur l'Abondance financière m'a récemment demandé : « Comment gérez-vous les comportements d'auto-sabotage ou les croyances négatives autour de l'idée de "l'argent facile" ? »

Cette expression que j'utilise beaucoup dans mes enseignements faisait remonter des jugements ou des croyances négatives, du fait qu'il considérait l'idée de « l'argent facile sans valeur réelle ».

« Comment surmonter cet obstacle ? Que me conseilleriez-vous ? » a-t-il poursuivi.

L'idée que j'ai partagée avec lui est de transformer immédiatement vos jugements ou croyances « négatives » sur « l'argent facile ».

Faisons cela ensemble, ici.

Tout le monde aimerait recevoir de l'argent facilement, n'est-ce-pas ? C'est un désir commun à beaucoup de gens, y compris moi-même. C'est pourquoi je crée des mantras incluant le mot « facile », avec des valeurs personnelles qui le soutiennent.

Je vous conseille donc d'utiliser la résistance que vous ressentez comme un tremplin pour « purifier » les pensées qui vous empêchent de « créer de l'argent facilement et sans effort ».

Laissez-moi vous raconter une histoire personnelle de ce que je veux dire par « créer de l'argent facile ».

Il y a environ huit ans, durant l'été 2010, avec mon mari, mes trois filles (de 6, 10 et 12 ans) et notre chien, nous avons quitté la Belgique pour le sud de la France, afin d'ouvrir une nouvelle page de notre vie familiale, avec plus de soleil et une nouvelle expérience scolaire. Travaillant à la maison en tant qu'auteure, formatrice et coach à succès, je pouvais le faire, même avec un seul revenu.

Mon entreprise était en plein essor. J'avais quadruplé mon revenu en quittant mon emploi de salariée, je travaillais exclusivement sur Internet, mon mari était à la retraite et était heureux d'aller chercher les enfants à l'école, ce qui m'a permis de voyager en Europe, au Québec et en Guadeloupe ou à La Martinique, et d'organiser des événements ou des ateliers dans tout le monde francophone.

Nous venions de vendre notre maison, avec un bénéfice. Nous avions beaucoup d'argent disponible et nous étions heureux.

Cependant, en 2012, je m'ennuyais et je me sentais seule. Mon entreprise marchait bien mais ne se développait pas, et je savais que si je continuais à fonctionner comme je le faisais depuis trois ans, rien ne changerait. Je devais sauter. J'avais besoin d'un mentor.

Dès lors, je me suis mise à la recherche d'un mentor. Comme je me sens appelée vers les États-Unis depuis que j'ai 16 ans – l'année où j'ai décidé d'étudier l'anglais (six heures par semaine, le soir) en dehors des heures normales d'école – et que je ne voyais pas comment trouver un mentor novateur dans le domaine du coaching et de la formation en ligne en Europe, j'ai fait des recherches sur le Web et ai déniché la formation en ligne parfaite pour moi. La mentor américaine que j'ai choisie m'a permis d'accéder à un niveau d'expertise plus élevé et m'a ouvert l'esprit sur une nouvelle façon de concevoir mon entreprise : bien au-delà de ce que je pensais possible, du fait des modèles européens que j'avais suivis jusque là.

J'ai triplé mon revenu, cette année-là. J'étais tellement heureuse et émerveillée, même si je savais qu'en suivant les conseils de mon mentor j'augmenterais en effet mes rentrées. Soudain, il est devenu évident pour moi que gagner de l'argent pouvait être facile.

Lorsque vous avez le bon modèle commercial en place.

PLUS, lorsque vous entretenez la bonne attitude face à vos objectifs financiers.

Comme de plus en plus de clients européens se débattaient avec l'argent, détestaient l'argent, enviaient les riches ET voulaient malgré tout en avoir plus, j'ai senti que quelque chose était contradictoire dans leur relation à l'argent. J'ai décidé de consacrer plus de temps à ma recherche sur notre relation inconsciente à l'argent. En poursuivant mon intention de créer de l'argent facilement. Un processus clair prenait forme, alors que je jouais avec ma propre relation à l'argent et que j'aidais mes clientes à apaiser la leur.

Voici les premiers éléments du processus pour adopter la bonne NOUVELLE attitude financière :

- remarquez le statu quo ;
- décidez de sauter.

Le reste du processus fut mis en évidence lors de notre dernière aventure de création familiale : trouver notre maison parfaite dans le sud de la France !

Après cinq années passées à louer une petite maison, nous voulions nous installer dans la nôtre et donner un sentiment accru de stabilité à nos adolescentes et jeunes adultes. Personnellement, j'avais manifesté tous mes désirs – être une auteur de livres à succès, travailler à domicile, développer une entreprise de plusieurs centaines de milliers d'euros –, et je voulais créer ce que je pensais être mon dernier désir : ma maison idéale, notre paradis sur Terre.

Et voici la cerise sur le gâteau : ce fut FACILE !

Plusieurs années plus tôt, j'aurais craint que ce soit difficile, mais ici j'avais accumulé de l'expérience. J'ai DÉCIDÉ que l'argent était facile à trouver ou à créer. Et j'ai soutenu cette décision avec un jeu d'argent, que j'utilise maintenant pour n'importe quel type de manifestation.

Comme notre inconscient collectif a lié l'idée de l'argent facile aux flux de revenus mauvais, ou diaboliques (comme la drogue, le poker, la fraude, le racket, les opérations mafieuses, etc.), ou aux émotions mauvaises (paresse, malveillance, etc.), nous devons d'abord supprimer ce lien et en créer un nouveau.

Pour moi, « l'argent facile » est de l'argent que je crée facilement. Oui, je crée mon argent. Je suis la seule personne qui puisse créer MON argent, car l'argent est une énergie, comme tout dans ce monde. « Tout ce qui est » est énergie et génère une fréquence qui résonne avec d'autres fréquences similaires. C'est une loi universelle, la loi de l'attraction, qui est scientifiquement prouvée. De nombreux ouvrages scientifiques l'expliquent. Je ne suis pas une scientifique et je ne peux donc que partager ce que je comprends de cette loi et comment je l'utilise pour créer exactement ce que je veux, avec AISANCE.

Donc, personne d'autre ne peut créer ou prendre MON argent.

Nous créons notre propre somme d'argent selon nos croyances et nos limites. En tant qu'êtres universels, nous sommes illimités et pouvons créer n'importe quoi sans limite, sauf les limites de notre pensée et de nos croyances. C'est pourquoi il est important de CHOISIR et de DÉCIDER quel ensemble de pensées et de croyances nous voulons entretenir.

Encore plus lorsque nous voulons sauter à un nouveau niveau

d'abondance financière. Les pensées et les croyances que nous avons entretenues pour arriver à l'endroit où nous sommes maintenant ne nous aideront PAS à créer la nouvelle somme d'argent ou le nouveau niveau d'abondance dont nous voulons bénéficier.

Par exemple, lorsque nous avons décidé de créer notre maison idéale, nous avons fait la liste des lieux et des villages autour de l'école qui offraient le niveau de propriétés dans notre budget et nous avons listé tout ce que cette maison nous offrirait, fondé sur nos expériences passées en tant que locataires et propriétaires.

Tout en avançant pas à pas vers notre manifestation rêvée, nous avons dû élargir notre vision de cette propriété. Les maisons que nous visitions dans notre gamme de budget étaient trop petites ou mal construites. Nous devions commencer à croire que nous pourrions obtenir notre maison idéale sans budget limité. Nous avons dû nous en remettre à l'abondance de l'Univers, sachant qu'une aide financière serait créée pour soutenir notre désir. Ce n'est que lorsque nous avons accepté cette idée que le nouvel argent est entré dans notre monde et que la maison parfaite a également fait son apparition.

Maintenant, comment pouvons-nous lier « l'argent facile » à quelque chose de plus positif que la pensée collective habituelle ?

En décidant quelles valeurs nous VOULONS placer sur l'argent. Pour moi, l'argent soutient les valeurs de liberté, de tranquillité d'esprit, d'amour, de famille et d'accomplissement personnel. Ce sont les cinq valeurs les plus importantes dans ma vie et dans mon entreprise.

En me reconnectant à ces valeurs, j'ai pu accepter l'idée que rien ne peut m'empêcher de gagner de l'argent facilement, car l'argent n'est plus une chose malveillante mais bien un véhicule qui me permet d'apporter plus de bienfaits au monde. Je n'ai plus à souffrir pour l'obtenir ni donner plus que mon meilleur à mes clients, à ma famille et à ma communauté.

Soudainement, vouloir obtenir une énorme somme d'argent pour acheter la maison de mes rêves n'était pas « égoïste » ou « inaccessible ». C'était un excellent moyen de m'ouvrir à plus de liberté, de tranquillité d'esprit, d'amour, de famille et d'accomplissement personnel. Et rayonner ces valeurs aux gens autour de moi. Et être un modèle pour eux, s'ils veulent faire la même chose.

Ensuite, pour ouvrir l'horizon des possibilités à ma famille et ne pas limiter les flux de revenus disponibles pour l'Univers, j'ai énuméré dix façons dont NOTRE argent facile se manifesterait idéalement pour nous.

Cette étape nous a permis d'écrire ce que notre esprit nous disait « raisonnablement » (le comment), comme aller à la banque et obtenir un prêt, lancer un nouveau programme avec l'aide de partenaires, vendre un terrain, etc. (idées logiques). Et puis, nous avons laissé notre « enfant intérieur » jouer avec d'autres façons merveilleuses ou magiques de voir apparaître notre argent, même en très grande quantité. De drôles d'idées se sont manifestées, comme trouver une enveloppe contenant X centaines de milliers de dollars, voir un mécène nous en donner le montant, recevoir le montant de manière inattendue… C'était amusant !

Nous avons priorisé nos trois canaux de revenus favoris et avons décidé de passer la semaine à imaginer recevoir NOTRE argent facile. Parfois, nous ouvrions littéralement les bras pour accueillir et RESSENTIR qu'il entrait dans notre monde. Ou nous lancions une poignée d'argent de Monopoly au-dessus de nous et nous imaginions prendre une douche de vrais billets. Nous jouions à « faire comme si » nous étions déjà dans notre maison idéale, en faisant une liste de chaque pièce et de son aspect qui nous aiderait à nous dire « nous y voilà ! »

Et bien sûr, nous célébrions tout signe ou bout de succès, encore et encore.

De cette façon, nous avons réussi à rassembler l'argent pour notre maison de rêve, à travers le troisième canal que nous avions noté sur notre liste de priorités, même s'il n'y avait AUCUN signe que cette grosse somme proviendrait de ce flux.

C'est cela, le pouvoir de croire que, oui, l'argent vient à vous avec grâce et aisance.

Solitaire est la voie des leaders qui montrent le chemin. Cela, je le sais depuis que j'ai compris que ma curiosité et ma perspicacité sont les anges sur les ailes desquels vole ma pensée. Cette curiosité qui m'a poussée très tôt à vouloir connaître autre chose que ce que mes environnements familial, scolaire et religieux me montraient. Cette envie de nouveauté qui m'a poussée à apprendre deux autres langues internationales comme l'espagnol et l'anglais, pour pouvoir comprendre et échanger avec tout le monde. Cette perspicacité qui m'a fait lire des milliers de livres sur des centaines de techniques de développement personnel, de philosophie et de civilisations différentes, en quête de la vérité et pour me trouver, en apprenant à mieux connaître l'humain, l'Univers et ses lois.

Aujourd'hui, je sais aussi que, dans le domaine de l'abondance, je fais partie d'un infime pourcentage de personnes qui peuvent se dire « riches », en Europe. Et pas seulement de la façon traditionnelle. Oui, les possessions ; oui, les biens ; mais surtout, le flux d'abondance qui s'écoule dans nos vies, voilà ce qui détermine notre richesse. Couplé à notre union à la richesse infinie et illimitée de la Source. C'est dans les moments de grandes pénuries, où j'ai été obligée de lâcher tout « vouloir », que l'Univers m'a fait le plus beau des cadeaux en me montrant qu'il n'y avait rien à « faire », et seulement à « être » en union avec le Tout. Alors seulement, l'approvisionnement en richesses pleuvait, les besoins étaient remplis, les idées arrivaient, les opportunités se présentaient, et l'argent se montrait. Je me sens tellement riche de cela, aujourd'hui.

Ma vie aujourd'hui

Justement, quelle est ma vie, aujourd'hui ?

Eh bien, je crée dans le flux. Je lance une fusée de désir, je la lâche, je remercie de l'avoir déjà reçue en retour et je vaque à mes occupations de la journée. Chaque fois que j'y pense, je me replonge dans le film de mon désir réalisé. Ce qui me permet d'affiner cette vision, d'y ajouter des éléments, d'en retirer d'autres, selon ce que je ressens, les messages que m'envoie mon intuition et les signes que je perçois ici et là. Mon attention et mon acuité sont amplifiées. C'est comme si je fonctionnais avec des antennes qui me préviennent d'un désalignement ou d'un écart. Je me réaligne dès que j'en prends conscience : je reviens dans l'instant présent, sors du passé ou du futur, et je rétablis ainsi l'équilibre entre mon attachement à ma vision et le détachement par rapport à la forme de mon désir.

Fonctionner en union et en partenariat avec l'Univers me permet de rééquilibrer également mon temps passé en solitude et celui que je partage avec d'autres. Ce que je prenais pour un besoin parfois asocial – être seule, en silence ou en contemplation – est en réalité un atout et un outil de manifestation important et crucial. En silence et en contemplation, je reçois les messages de la Source, je les perçois et les entends, et dès lors je peux agir dessus. Je peux prendre des décisions pour mon bien-être et, bien plus encore, pour le bien-être de mes proches, des membres de ma communauté et des humains dans le monde entier. Car tout est relié. Nos décisions ont un impact sur l'évolution, l'expansion et le bien-être de tous et toutes sur la planète.

Si les revenus passifs issus de mes investissements sont devenus l'un des piliers de mon style de vie aujourd'hui, je suis en partance vers une nouvelle destination d'expansion intérieure et extérieure. Fascinée par la création par la Lumière et l'Amour, comme vous pouvez en juger par mon programme Le Cercle de l'Abondance Financière (https://www.aficea.com/go), je m'exerce à recevoir la Lumière et à me connecter à elle autant que je le puis, pour observer ce que cela m'aide à ressentir et créer. Mon impact sur la matière est de plus en plus important, et je me rends compte que, constituée de Lumière et consciente de l'être, j'ai de moins en moins besoin de matière, alimentation, eau ou biens. Quelle liberté ! Déliée de ces attachements, je peux me relier aux autres par le cœur et ma connexion d'âme à âme, sans plus entrer dans les jeux de pouvoir et d'influence liés au désir de possession. C'est ainsi que mes projets futurs prennent plus une forme éthérique – le bien-être avant tout, la simplicité et la légèreté – qu'une forme matérielle. Mon pouvoir financier se développe grâce à mon détachement des supports physiques que sont l'argent, les billets, l'or, les possessions. Je les imagine, oui, j'en ai, oui, mais je ne veux pas nécessairement en thésauriser beaucoup plus. C'est le flux qui m'intéresse et pas l'accumulation. Je pense sincèrement que la solution à tous les problèmes du monde se situe au niveau de la Lumière, ressource infinie accessible à tous et à tout moment, et « nourrissante » pour tous. Bien sûr, je n'en suis qu'aux prémisses.

Ma vision du pouvoir financier féminin à l'avenir

Elle est celle d'une puissance amplifiée, comme celle d'une fusée que l'on lance sur orbite.

Les femmes constituent 51 % de la population mondiale et, aujourd'hui, elles sont bien décidées à prendre leur place et à s'affirmer. Celles qui en ont le courage montrent la voie aux autres, qui s'enhardiront au fil des ans. Nous le savons depuis longtemps, l'intuition créatrice féminine peut faire des miracles. Les prêtres du Moyen Âge n'ont pas brûlé des femmes jugées être des sorcières pour rien.

La femme veut la paix. Elle ne met pas au monde des enfants pour les voir se battre et mourir bêtement sur un front créé pour des raisons à peine admissibles.

La femme veut la paix, et ne veut pas se battre contre les hommes non plus.

Personnellement, je veux contribuer à la création d'un monde de respect et d'acceptation de tous et toutes. D'acceptation des us et coutumes et modes de pensée de tous, dans le respect de chacun.e. La femme est la mieux placée pour inspirer le respect. Sa fragilité, sa beauté et son intériorité n'appellent pas à la violence et l'agressivité. Tant qu'elle n'a pas été éduquée dans un environnement où c'était la norme. D'où l'importance de vous former, de vous entourer d'autres femmes et de vous écouter. Écoutez vos voix intérieures, écoutez vos cycles féminins et respectez-les. Ils ont un sens. Ils sont là pour vous rappeler quand vous mettre en retrait, quand prendre soin de vous et quand créer l'espace pour vous retrouver. Trop de femmes sont au service des autres plus que d'elles-mêmes.

Il est temps que la femme se redonne le droit d'Être, tout simplement, sans rien Faire.

1/ Mon premier conseil en tant que femme
Respectez votre force féminine et utilisez-la selon vos critères. Écoutez-vous. Notez vos messages intérieurs et suivez-les. La

Nature est votre partenaire. Vous n'avez pas été affublées des atouts de votre beauté intérieure et extérieure juste pour la galerie. Vous pouvez tout créer grâce à elles. Vous êtes la Beauté. Vous êtes la Créativité. Vous êtes la Force. Quelle femme n'a pas ressenti cette force de vie créatrice, même une fois ? Si c'est le cas, prenez les jours qui viennent pour faire le calme en vous et allez à sa rencontre. Cette force vous guidera tout au long de vos journées, et vous n'aurez plus besoin de personne, grâce à elle. Cette force qui nous traverse, nous les femmes, revient à notre mémoire lors de nos cycles, liés à la lune, symbole de la vie intérieure. Chaque mois, une semaine durant, nous sommes appelées à reconnecter au sang de la Vie, à sa force, à sa couleur, et dès lors à reprendre conscience que nous sommes forces de vie. Utilisons cela à bon escient pour créer exactement la vie que nous voulons pour nous et nos collègues femmes, et aussi nos enfants et les hommes de notre vie. Ainsi, notre impact aura été réel durant notre passage sur Terre.

2/ Mon deuxième conseil
Cessez de lutter contre les hommes.

La haine des femmes pour les hommes est très présente, et inversement peut-être aussi. Je me rappelle avoir lu le Dr Len, qui disait cela dans un échange avec Joe Vitale. Cela m'avait surprise, car je pensais que c'était la haine des hommes pour les femmes qui régnait sur le monde. Cela a enclenché une profonde remise en question. Et si c'était vrai ? Et si tout ce que les femmes subissent était dû à leur haine pour les hommes qui abusent d'elles depuis si longtemps ? Et comment inverser le processus pour que seul l'amour les soutienne désormais ? Je me rappelle avoir utilisé l'outil proposé par le Dr Len, chaque jour après avoir lu cette ligne. Le ho'oponopono qui dit « pardonne-moi, je suis désolé, merci, je t'aime » nous permet de NOUS pardonner en tant que femme, avant de pouvoir pardonner à l'autre. C'est très puissant.

Dès lors que nous cesserons de vouloir être comme l'autre – l'homme –, nous pourrons cesser de lui donner du pouvoir pour enfin nous concentrer sur ce que NOUS voulons créer pour NOUS, et non pas CONTRE l'homme, et ainsi rétablir l'équilibre entre le yang et yin en nous, et ensuite autour de nous.

3/ Mon troisième conseil
Veillez à co-créer un monde équilibré entre les genres.

Et, par la force des choses, entre toutes les femmes et tous les hommes, minorités et majorité incluses.

Pour y arriver, il est important d'adopter la vision de l'aigle qui observe ce qui se passe de haut, avec la vision de la Source. En regardant les événements de tout là-haut, nous pouvons les ramener à leur juste dimension. Nous sommes des fourmis, sur cette terre, ET nous possédons le pouvoir infini de création de la Source. Mais pas en restant concentrés sur nos petites luttes, nos petits défis et nos petites vies. En nous élevant à la hauteur de la vision globale et pleine d'amour de l'Univers, nous pouvons nous reconnecter à la force de vie qui nous guide à chaque instant. Nous pouvons sortir du mode de réaction par défaut pour entrer dans l'action consciente, choisie et délibérée, et créer exactement ce que nous voulons pour les femmes aujourd'hui.

Que voulez-vous voir créer dans le nouveau monde du féminin ?

Soyez une « sage femme ». Mettez au monde VOS rêves et VOS désirs, indépendamment de ce que les personnes de votre environnement vous disent. Alignez-vous sur votre désir de liberté, d'indépendance financière, de respect et d'amour. Ciblez cela et avancez, quoi qu'il arrive. Que ce cap demeure clair dans votre pensée, même lorsque la réalité semble vous montrer l'inverse. Ne croyez pas que vous êtes en train de créer le contraire de votre désir. Gardez la foi que ce qui se matérialise devant vous n'est rien, comparé à ce que VOUS êtes en train de créer dans l'invisible. Agissez ainsi, et votre création deviendra manifeste en un temps record.

Riche, ma vie l'est aujourd'hui grâce à ma relation avec moi-même, une relation que je visualise chaque jour de plus en plus aimante, respectueuse, élevée et rayonnante. Je me vois belle, grande et épanouie, chaque matin dans mon miroir. Je me dis des mots doux et gentils, des mots réconfortants, des mots puissants. Comme dans le film *La Couleur des sentiments*, où la « bonne » dit à la petite fille : « Tu es Magnifique. Tu es Forte. Tu es Brillante. » Dites cela à la petite fille en vous.

Riche, ma vie l'est aujourd'hui grâce à ma relation avec mon mari, que nous entretenons, lui et moi, dans l'amour, l'écoute et le respect. Nous nous sommes juré un soutien réciproque dans chacune de nos entreprises et nous savons que notre amour est notre force. Que cet amour vibré au quotidien nous apporte un état d'être abondant, et dès lors l'abondance matérielle.

Riche, ma vie l'est aujourd'hui grâce à ma relation avec vous, hommes ET femmes, qui me suivez, me guidez, partagez ce moment de vie terrestre, que je vous connaisse ou pas, que j'échange directement avec vous ou pas. Vous êtes des miroirs de moi-même, et lorsque je n'apprécie pas les pensées ou le comportement de quiconque, je regarde en moi et décide de ce que je veux améliorer en moi pour que le miroir que vous me reflétez soit conforme à mon désir de mieux-être.

Riche, ma vie l'est aujourd'hui grâce à ma vision d'un monde humain harmonieux, où le respect règne, où la joie et l'amour résident bien plus que les poches sombres des conflits et des obstacles. Une vision positive que j'ancre dans mon cœur à chaque lever et à chaque coucher, afin que mes cellules ne créent que ce que je désire expérimenter dès mon réveil. Et lorsque ce n'est pas le cas – chaque jour, en fait –, j'utilise cela comme tremplin pour décider consciemment de ce que je ne veux plus, afin de pouvoir donner forme à ce que je veux à la place. Ainsi, ma vie est une succession de pépites sur la voie pavée d'or de la lumière et de l'amour.

Je vous souhaite de vivre cela également.

FICHE ACTIV-ACTION
Mon pouvoir financier de femme

**Tout est possible pour les femmes.
Prenez la décision de vous responsabiliser
par rapport à VOTRE pouvoir financier.**

1. Posez-vous les questions puissantes pour briser vos mauvaises habitudes face à l'argent :

- Quelles sont VOS valeurs de femme face à l'argent ?
- En quoi l'argent peut-il devenir VOTRE partenaire de pouvoir ?
- En quoi l'argent peut-il vous aider à placer vos limites ?
- Comment considérez-vous l'argent et les affaires ?
- Cela vous sert-il ?
- VOS questions…

2. Faites la liste de 5 croyances que vous entretenez face à votre pouvoir financier.

3. Vous servent-elles ? Si oui, continuez à les entretenir. Sinon, modifiez-les en nouvelles croyances puissantes pour vous.

4. Commencez à modifier vos actions et vos comportements.

5. Récupérez ainsi votre indépendance et votre liberté, face à l'argent et aux systèmes humains.

6. Lisez un maximum d'histoires de femmes prospères pour qui l'argent est LE partenaire reconnu de leur vie et de leur succès.

CONCLUSION

Une idée est comme une entité, comme une *persona anima*. Elle s'anime au fur et à mesure que vous la laissez prendre forme dans votre esprit. Elle suscite une question, suivie d'une autre, suivie d'une troisième. Et telles les miettes de pain du petit Poucet, vous suivez le chemin tracé par votre idée.

Cette idée, qui vous a été inspirée de plus haut et de plus grand que vous – de la Source – devient plus grande que ce qu'elle était au début, comme un bouton de rose qui fleurit au fur et à mesure des secondes, des minutes, des journées, des semaines et des mois passés à laisser murir cette idée.

Il en va de même de l'idée d'un livre, comme l'idée de ce livre qui a germé d'un mal-être issu de circonstances extérieures jugées désagréables. Ce mal-être s'est transformé en une nouvelle forme de bien-être, au fur et à mesure que je laissais mon esprit s'amuser et jouer avec l'idée. Tant que je ne cherchais pas à la contrôler, je pouvais en retirer une essence subtile qui m'éclairait, m'interpellait et m'émerveillait.

C'est ce qui est arrivé pour ce livre. L'idée de départ m'a permis de grandir, par mes recherches mais aussi par des inspirations qui me sont venues et des rencontres, telle la rencontre avec mes filles sur ce sujet, ou la rencontre avec les cours suivis par ma cadette dans son cursus auprès du Cned. Ensuite, il y a eu la rencontre avec un roman, qui me présentait, étape par étape l'évolution des droits de la femme, tant au niveau personnel, vis-à-vis de l'homme, vis-à-vis de sa condition, vis-à-vis de ce qui était attendu d'elle, qu'au niveau de son pouvoir financier et de sa capacité à prendre ses propres décisions quant à son avenir et à ses affaires financières.

Il y eut également plusieurs livres qui m'ont été rappelés – que j'avais rencontrés quelques années auparavant déjà, lors de la naissance de l'idée générée par ma colère face au sort des femmes encore aujourd'hui –, des livres liés aux femmes puissantes du Moyen Âge, comme Christine de Pisan, que je conseille à toute femme qui veut faire connaissance avec les femmes puissantes d'antan, dont on ne parle pas assez aujourd'hui.

Ce fut un parcours très puissant et agréable de retrouvailles avec la lignée de ces femmes antérieures à moi. Ces femmes qui ont osé, ces femmes qui ont eu l'audace de dépasser leur condition et de paver de leur pierre la voie de la liberté féminine à venir. Ces femmes qui ont décidé d'être les premières à faire des choix conscients et délibérés, et parfois risqués, voire dangereux, vers la réappropriation de leur pouvoir, de leur liberté et de leurs désirs.

Ce parcours parti d'une souffrance réelle et douloureuse de ma partie féminine lui a permis de s'apaiser au fur et à mesure de mes recherches – qui ne sont pas terminées, loin de là. Ce livre n'est que le premier d'une série qu'il y aurait à écrire, non seulement concernant la condition de la femme dans la société actuelle mais aussi concernant la condition de toute minorité, abusée, bafouée et jugée par l'homme blanc qui a pris le pouvoir il y a de cela deux mille ou trois mille ans.

Ce livre n'est pas un livre de revendication mais de constatation et d'apaisement. Son but est d'éclairer les femmes actuelles, entrepreneures ou non, qui désirent se réapproprier leur pouvoir financier, ou croire que c'est possible, en s'appuyant sur ce que d'autres ont fait avant elles au fil des siècles.

Ces recherches ne sont pas exhaustives, donc laissez-vous porter par votre propre esprit, par son désir d'en savoir plus, de faire vos propres recherches et de tirer vos propres conclusions, et lancez vos intentions pour plus de liberté, plus d'amour et plus d'appréciation pour chacun et chacune sur cette terre.

Je vous souhaite beaucoup de plaisir, comme moi-même j'en ai eu et j'en ai encore, à pister la trace de toutes les femmes puissantes qui ont existé et qui ont montré la voie aux autres, pour que nous soyons toutes l'une d'elles et que nous puissions inspirer d'autres femmes des générations à venir. C'est tout ce que je nous souhaite, et j'encourage les hommes sensibles et les autres minorités à faire de même.

MERCI DE NOUS LIRE !

Téléchargez ce bonus GRATUITEMENT.
Allez sur https://lepouvoirfinancierdesfemmes.com/bonus

www.ingramcontent.com/pod-product-compliance
Lightning Source LLC
Chambersburg PA
CBHW071533220526
45469CB00003B/753